智慧鳥 —— 編繪

不一樣的世界歷史 1

早期農業與手工業

五南圖書出版公司 印行

國家圖書館出版品預行編目資料

不一樣的世界歷史. 1, 早期農業與手工業 / 智慧鳥作.
－ 初版. － 臺北市：五南圖書出版股份有限公司，
2025.02
　面；　公分 . －（學習高手；247）
　ISBN 978-626-393-828-1（平裝）

1.CST：世界史　2.CST：文明史　3.CST：通俗作品

713　　　　　　　　　　　　　　　　　113014747

YC51　學習高手247
不一樣的世界歷史1：早期農業與手工業

作　　　者：智慧鳥
編輯主編：王正華
責任編輯：張維文
文字校對：葉　羚
封面設計：姚孝慈
出　版　者：五南圖書出版股份有限公司
發　行　人：楊榮川
總　經　理：楊士清
總　編　輯：楊秀麗
地　　　址：106台北市大安區和平東路二段339號4樓
電　　　話：(02)2705-5066
傳　　　真：(02)2706-6100
網　　　址：https://www.wunan.com.tw
電子郵件：wunan@wunan.com.tw
劃撥帳號：01068953
戶　　　名：五南圖書出版股份有限公司
法律顧問：林勝安律師
出版日期：2025年2月初版一刷
定　　　價：新臺幣320元

※版權所有．欲利用本書全部或部分內容，必須徵求本公司同意※

前言

在許多人的認識中，科學與技術，特別是科學，似乎和古代人類文明扯不上太大的關係。因為那時人類歷史還在蒙昧中蹣跚前行，如果用今天的眼光來衡量，無疑如同一位睿智的學者俯視牙牙學語的幼兒一般。但不要忘了，每一代人都是站在前人的肩頭探索廣袤無邊的科技世界。早期農耕和冶鐵技術的發展，古希臘人和古印度人在數學、幾何、物理學上的成就，秦朝等大一統帝國背後的國家級超級工程等……如沒有古人那看似原始的科學技術基礎，就沒有後世的璀璨成就。本書將要向讀者們介紹的，正是那些最為重要的早期科學技術成就。

目錄

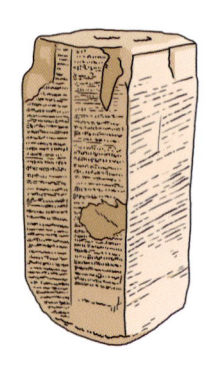

約西元前 5400～前 30 年	古埃及文明
	最古老的人類原生文明之一 ……… 1
約西元前 5000～前 3300 年	河姆渡文化
	華夏文明的雛形之一 ……… 8
約西元前 4100～前 2334 年	蘇美城邦
	世界上最早的城邦國家 ……… 14
約西元前 3300～前 2300 年	良渚文化
	中國史前玉器文明的高峰 ……… 20
約西元前 2600～前 1700 年	古印度哈拉帕文化
	印度河失落的城市 ……… 24
約西元前 1800～前 800 年	西臺帝國和冶鐵技術
	世界上最早掌握冶鐵技術的王國 … 30
西元前 1000～前 200 年	腓尼基人環繞非洲航行
	古代航海的重要成就 ……… 34
西元前 612～前 539 年	新巴比倫帝國
	四大文明古國之一 ……… 36
西元前 518～前 330 年	波斯波利斯
	波斯第一帝國的首都 ……… 42
西元前 287 年～前 212 年	阿基米德
	古希臘數學、物理學集大成者 …… 49
西元前 221 年～207 年	秦朝的超級工程
	長城、靈渠、阿房宮和兵馬俑 …… 56
西元前 202 年～8 年	絲綢之路連通歐亞
	工藝、貿易和文化的連通 ……… 63
西元前 27 年～395 年	古羅馬建築
	羅馬帝國的寶貴遺產 ……… 68
西元 4～9 世紀	「0」和負數的提出
	古印度數學成就的高峰 ……… 72

古埃及文明

最古老的人類原生文明之一

約西元前5400～前30年

在距今大約 7500 年前，埃及的先民們便在尼羅河谷的法尤姆地區建立早期城市。西元前 3100 年左右，國王美尼斯統一了埃及，並建立第一個奴隸制國家。古代埃及在經歷 31 個王朝的更迭後，於西元前 30 年被羅馬帝國征服。

人類的早期文明都是伴隨著大河而生，而孕育埃及文明的大河就是尼羅河。早在約 9000 年前，就有人類聚集在尼羅河河谷居住，他們在這裡飼養牛羊，並用非常原始的方式種起了農作物。

尼羅河

在大約 7500 年前，埃及的法尤姆地區出現最早的城市。考古學家在這裡找到了大麥、小麥的碳化麥粒，以及冶煉青銅的痕跡。

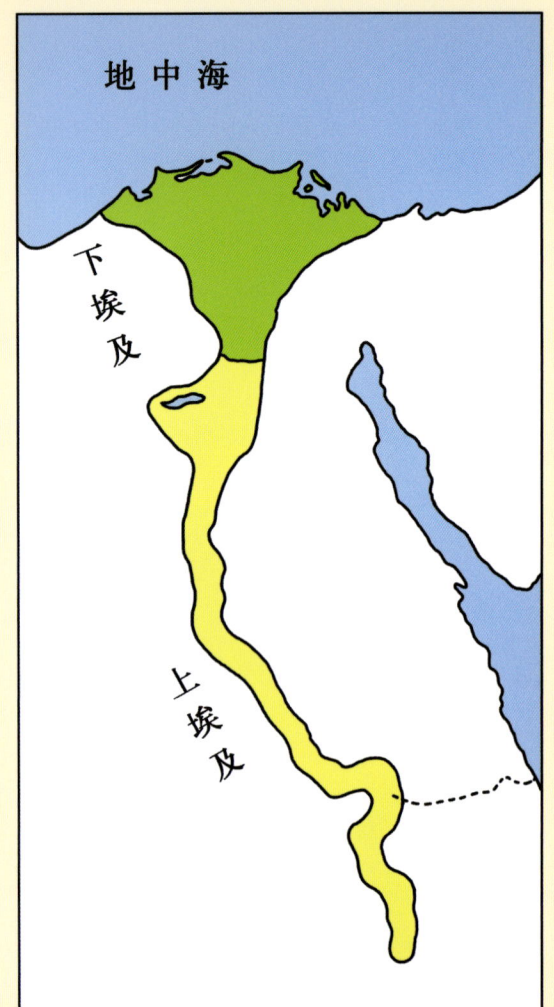

地中海

下埃及

上埃及

在隨後 2000 年的時光中，尼羅河沿岸又興起了一個個部落城邦。這些城邦相互混戰，逐漸形成兩個區域性的王國：上埃及（上游河谷地帶）和下埃及（尼羅河下游三角洲）。這一時期在埃及歷史上被稱作前王朝。

上埃及統治者

下埃及統治者

上下埃及的文化習俗很不一樣。譬如：上埃及的統治者戴白冠，崇拜鷹神荷魯斯；下埃及則戴紅冠，崇拜蜜蜂神或眼鏡蛇神。另外，上下埃及的墓葬習俗也很不同，上埃及的墓葬等級更森嚴，陪葬品更奢華。

西元前 3100 年，上埃及的國王美尼斯統一了尼羅河流域，建立起一個強大的奴隸制國家，這也是埃及歷史上第一個統一的王朝——第一王朝。

歷史學家把埃及第一王朝到西元前 30 年被羅馬帝國征服前的埃及稱為古埃及王國。在這約 3000 年的時光中，埃及人創造了輝煌的文明。我們現在一想到埃及，腦中就會浮現出木乃伊、金字塔、神廟等，而這些文明遺蹟正是古埃及王國的產物。

古埃及王國一共經歷 31 個王朝，其中第四王朝的第二位法老叫做胡夫，著名的吉薩金字塔就是他的墳墓。

吉薩金字塔又稱胡夫金字塔，建成於西元前 2560 年。它由 230 萬塊巨石堆積而成，平均每塊巨石重 2.5 噸。在建成後的 3000 多年裡，它一直是世界上最高的人工建築。

吉薩金字塔的旁邊，還矗立著卡夫拉金字塔和孟卡拉金字塔。三座金字塔排列的位置正對應獵戶座的三顆腰星，因為古埃及人相信獵戶座是天堂所在。

孟卡拉金字塔

卡夫拉金字塔

吉薩金字塔

古埃及人之所以製作木乃伊，是因為他們相信死者的靈魂終有一天會回到軀體上，並死而復生。故把屍體製成木乃伊，是保存肉身、迎接重生最好的方式。

木乃伊

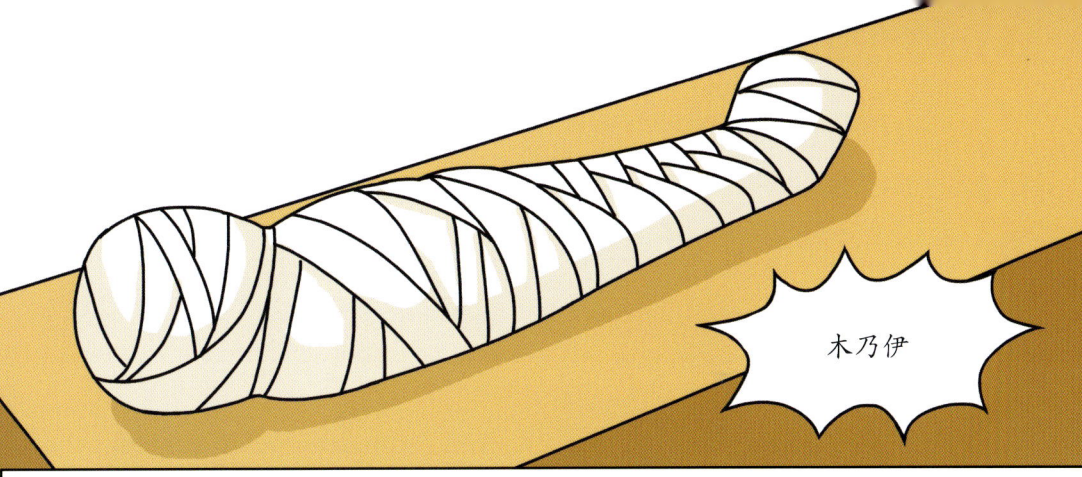

製作木乃伊是非常專業的工作，整個流程要耗費 70 多天，花費也十分昂貴。因此古埃及只有法老、貴族、富豪能負擔起「全套服務」。製作師會首先把死者遺體洗乾淨，將內臟取出並吸乾水分，然後放入單獨的罐子（卡諾卜罈）裡保存。

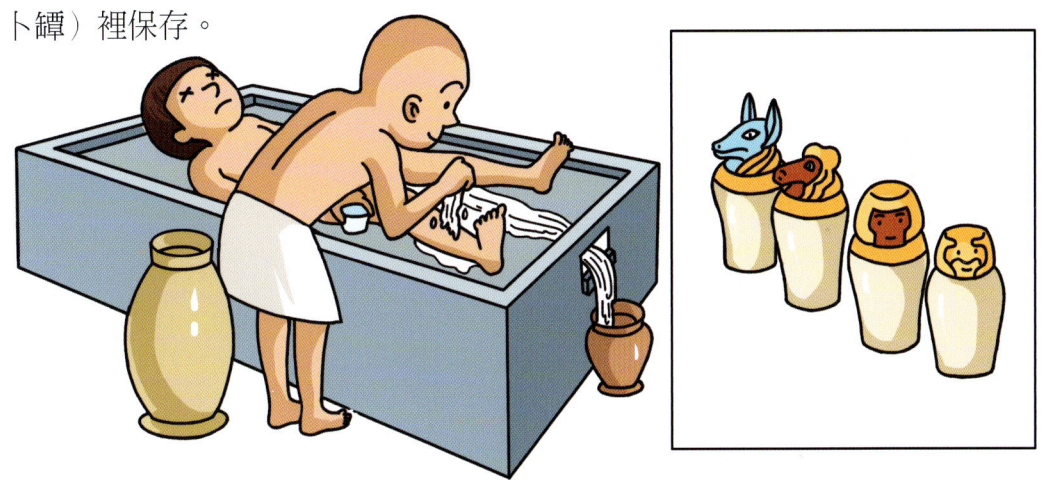

接著把死者的身體做脫水處理，再用香料填充，最後用優質亞麻布包裹起來，這樣木乃伊就製作完成了。

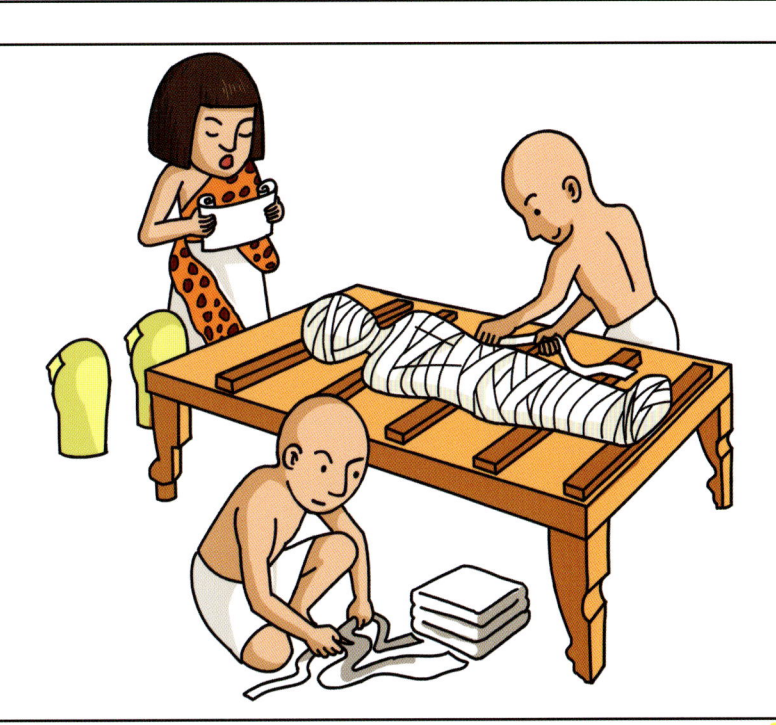

古埃及王國曾誕生過無數位法老，其中拉美西斯二世大概是最有名的一位。他生活在埃及第十九王朝，曾帶領埃及軍隊遠征西亞，還曾大興土木，修建和擴建很多壯觀的神廟。

　　充滿傳奇色彩的阿布辛貝神殿就是拉美西斯二世為彰顯王權的威嚴，進而興建的建築。這座神殿建於西元前1300～前1233年，神殿大門處矗立著四座巨大神像，極其震撼。神殿的建造還運用了很多天文學、光學知識，說明古埃及人在科學上已經達到很高的水準。

古埃及人不僅建造很多令人驚歎的建築，還發明過一些有趣的生活物品，譬如莎草紙。這種紙是用莎草的莖浸泡、搗碎後製成，在乾燥的環境可以千年不腐！不過由於製作工藝複雜、成本高昂，所以在西元8世紀後逐步被淘汰了。

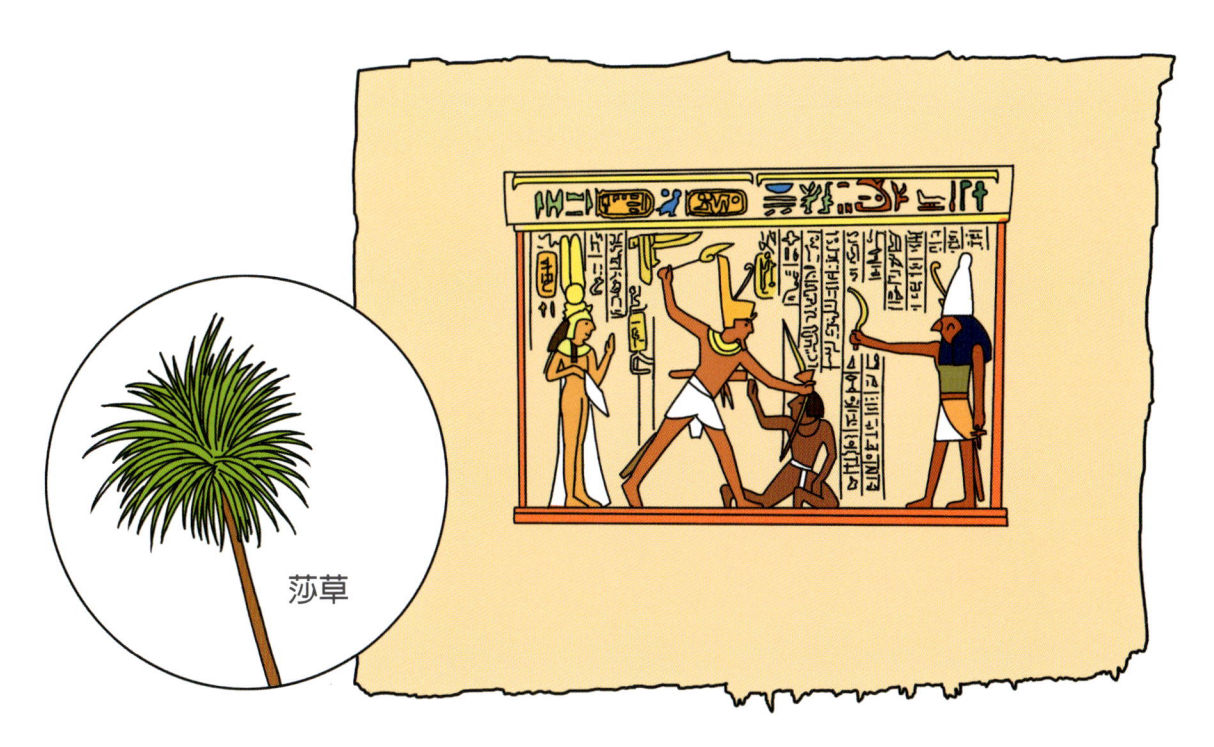

莎草

西元前30年，古埃及被強大的羅馬帝國征服，埃及的古代王國時期宣告結束，隨即進入相對衰落的時代。

但古埃及作為人類歷史上最早的文明之一，其發明創造、藝術宗教皆啓發後來的古希臘、古羅馬與猶太文明，對整個歐亞文明產生深遠影響。

河姆渡文化

華夏文明的雛形之一

約西元前 5000～前 3300 年

在中國古代的傳說裡，第一個開始修建房屋的人叫「有巢氏」，他用樹枝搭建如鳥巢一樣的房屋並讓族人居住，從此人們不再遷徙、狩獵，逐漸過著定居的生活。

河姆渡文化是新石器時代中國長江流域的文明，早在約 7000 年前，河姆渡人已開始種植水稻，並用木頭搭建房屋，過著定居的農耕生活。在耕作之餘，人們還會燒製陶器、織布，手工業已經開始成立為一門單獨的生產工作。

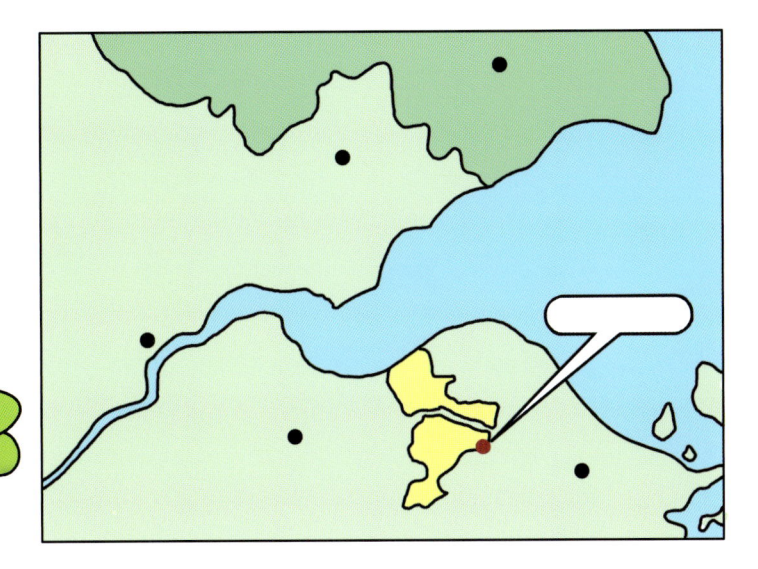

但有巢氏生活的年代太過久遠，人們無法確定他們的存在，只能將這個故事當成上古傳說。直到近幾十年來考古學家找到多處史前遺址，證明有巢氏並非神話——他們的氏族，就曾居住在今天長江中下游一帶。

1973 年，考古工作者在浙江餘姚發現一些黑陶和大量史前房屋的痕跡，後來經過科學測定，證明這些痕跡屬於一個 7000～5000 年前的母系氏族。由於這些痕跡是在河姆渡鎮發現的，所以研究者將這個氏族的遺存稱為「河姆渡遺址」。

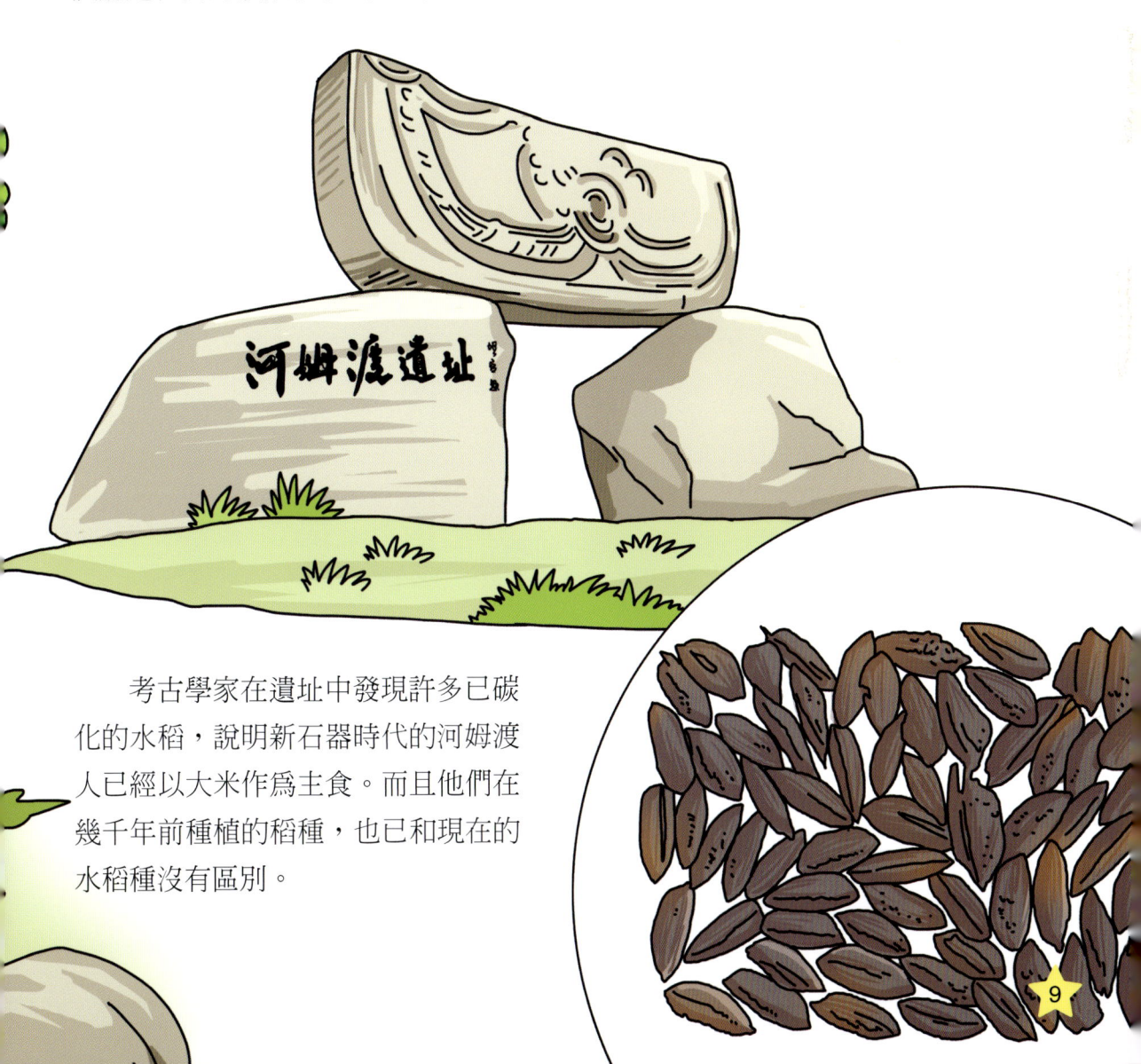

考古學家在遺址中發現許多已碳化的水稻，說明新石器時代的河姆渡人已經以大米作為主食。而且他們在幾千年前種植的稻種，也已和現在的水稻種沒有區別。

考古學家將這些碳化的稻米換算成新鮮稻穀，推測出這個聚落裡囤積約 12 萬公斤稻穀，差不多夠 500 個人吃一年！這足以說明河姆渡人的田地規模已非常可觀。

耒耜

當時人們使用的農耕工具主要是耒耜，這是一種挖掘工具，是鋤頭的鼻祖。河姆渡的耜主要用木頭或牛骨製成，耜的上面綁上一根木棍做槓桿。這種農具的出現，說明原始的刀耕火種已逐漸向鋤耕與犁耕進化了。

河姆渡人居住的房屋叫干欄式建築，是在木架子上用樹枝、茅草搭建的房子，下層放養動物和堆放雜物，上層則住人。這種建築正是從樹上的巢居演化而來。

單木式　　　多木式　　　栽樁式

把房子建在高處，除了可以保持屋內乾燥，還可以避開蟲、蛇的侵擾。直到現在，中國南方和東南亞國家的一些人民，仍會住在這種「高腳樓」中。

建造房屋時，為了讓木料結合更緊密，河姆渡人會將木料削成固定形狀，或鑿出孔洞，然後像搭積木一樣把木頭穿插在一起——這就是榫卯的雛形。

① ② ③
④ ⑤ ⑥

河姆渡遺址中出現很多黑陶製品,上面刻有野豬、魚的形象或幾何紋路。還有許多陶塑藝術品,譬如陶舟、陶豬、陶羊等。由此可以看出,氏族的人們過著農耕、畜牧和漁獵結合的生活。

此外,河姆渡遺址還出土了不少紡織工具,譬如紡輪、捲布棍、梭形器和機刀等。這些木片雖看起來並不起眼,但它們的出現說明河姆渡的先民已開始用機械來織布了。

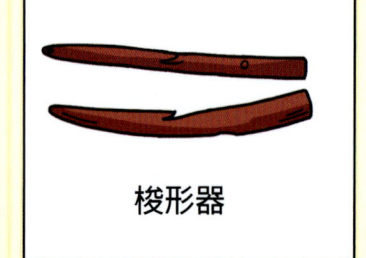

紡輪

梭形器

腰機織布

遺址中還出現一些象牙藝術品，展現氏族先民對美的追求。其中一塊象牙雕刻品上雕有「雙鳥朝陽」的紋樣，其圖案布局嚴謹，形象逼真傳神，是河姆渡原始藝術的精品。

　　河姆渡人在這生活1700多年卻突然離開了，他們為什麼要走？至今這仍是一個謎。但考古學家們推測，或許與居住地環境的改變有關。河姆渡的文明並沒有消失，而是融入了良渚等其他人類聚落。

　　河姆渡人是新石器時代長江流域的代表文明，也是華夏大地上生活早期的氏族之一。他們與北方的其他氏族一起，構成了中華文明的雛形。

蘇美城邦

世界上最早的城邦國家

西亞有兩條大河，一條叫底格里斯河，另一條叫幼發拉底河。兩條河在大地上不斷沖刷，孕育出一塊肥沃的土地。後來希臘人稱這片平原為「美索不達米亞」，即「兩條河中間的地方」，又稱「兩河流域」。

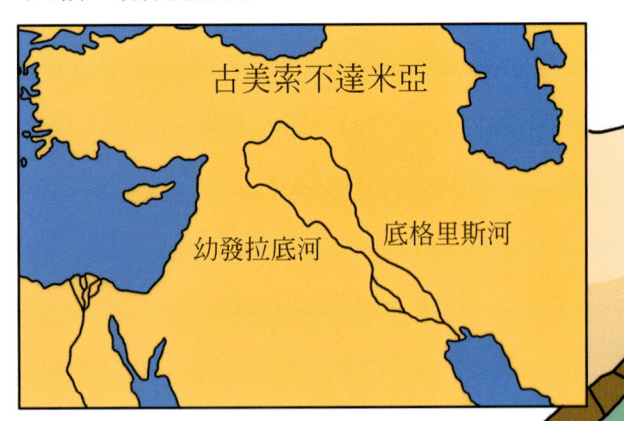

古美索不達米亞
幼發拉底河　底格里斯河

在石器時代，人們種植糧食的方式非常原始，常常把種子往地裡一撒，就等著收穫了。但如果雨下得不夠，農作物就可能減產，甚至顆粒無收。為了穩定糧食的產量，蘇美人發明了農業灌溉技術。

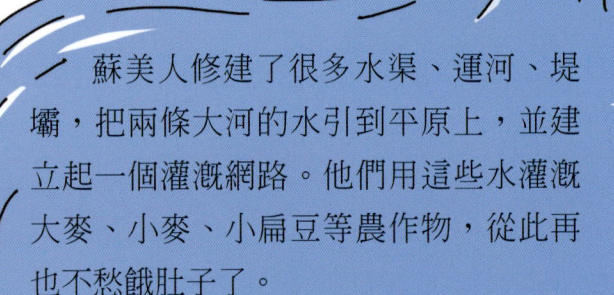

約西元前 4100～前 2334 年

大約在 6000 年以前的新石器時代，蘇美人來到兩河流域定居，他們發明農業灌溉技術，種植了大片農田，並建立世界上最早的城邦國家。

蘇美人修建了很多水渠、運河、堤壩，把兩條大河的水引到平原上，並建立起一個灌溉網路。他們用這些水灌溉大麥、小麥、小扁豆等農作物，從此再也不愁餓肚子了。

大約在 6000 年前，蘇美人遷徙到兩河流域，他們發現這裡土地肥沃、水源充足，和周圍的沙漠形成鮮明對比，是發展農業的寶地，於是開始在這裡種田、定居。

幼發拉底河

底格里斯河

這裡簡直就是天堂！

由於西亞樹木稀少，所以蘇美人只能用泥土修建房子。雖然這種泥房子在日曬雨淋幾年後就會崩塌，但好在泥土可以隨時獲得，屆時再新建一所房子就行了。

有了穩定的食物來源和舒適的住房後，蘇美人的文明迅速發展。他們開始燒製陶器、冶煉青銅，發明了鏟子、鋸子、釘子等工具，還有刀、劍、錘、矛、弓等武器。蘇美人還開始豢養牛、羊，讓牛代替人來耕地。

蘇美人還發明了世界上最早的文字——楔形文字。他們把這些文字刻在泥板上。考古學家通過研究泥板，發現早在幾千年前，蘇美人就開始觀察金、木、水、火、土五大行星。他們還根據月亮圓缺，把一年劃分為12個月。

楔形文字

隨著人口增加，平原上星星點點的部落開始形成城市。每個城市都是一個國家，即城邦國家。每個城邦都是圍繞神廟而建，由獨立的祭司領導，但有趣的是，每個城邦信奉的神都不一樣。

雖然信仰不同、祭司不同，但是蘇美城邦間還是有一個共識：只設立一個國王。哪個城邦最強大，王權就轉移到哪裡。

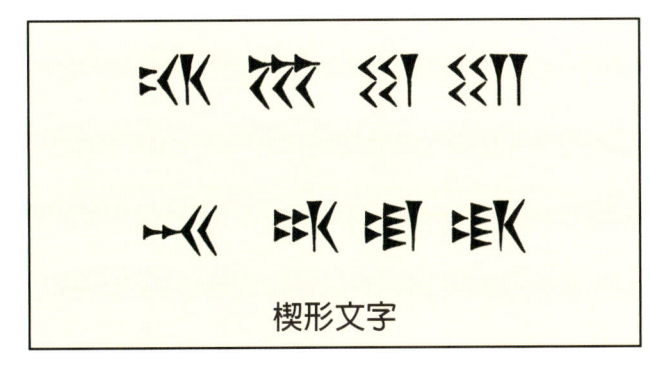

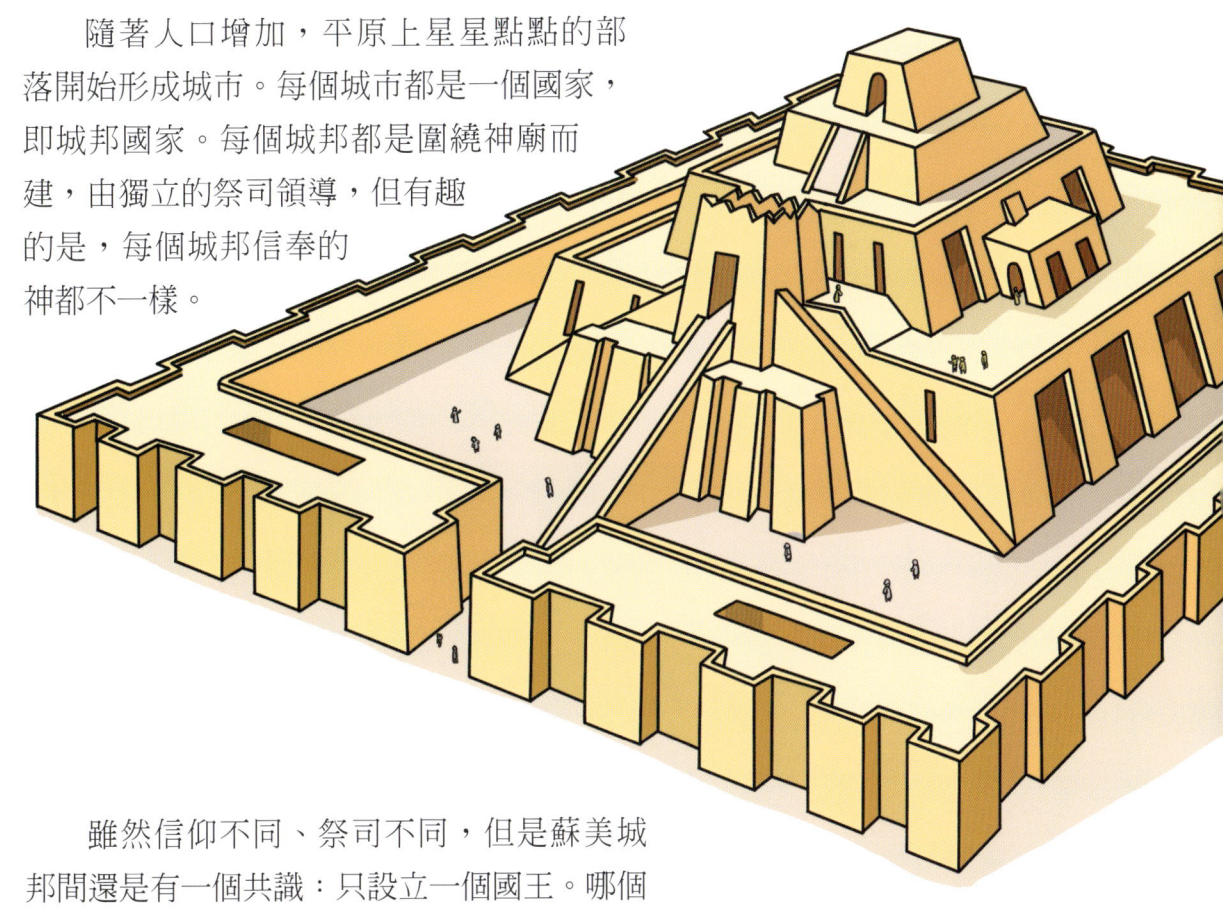

蘇美人把自己歷史上所有國王的名字和在位時間都刻在泥板上，這種泥板叫「蘇美王表」，考古學家在兩河流域一共找到16塊「王表」。

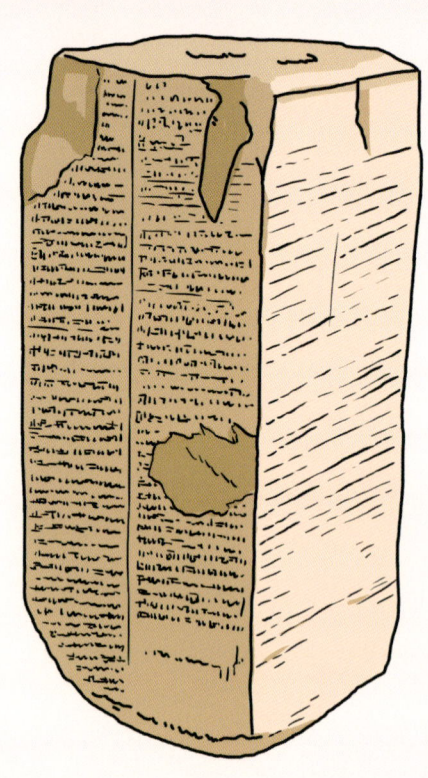

但神奇的是，王表上記錄的上古帝王都活了十幾萬年，他們的統治時間從18600年到幾萬年不等！此外王表上還記錄了大洪水的時間，譬如發生大洪水之後，國王的統治時間立刻縮短到100多年——但這還是遠遠超過古代人的壽命！

有些人將這份誇張的王表理解為神話，有些人則展開想像，認為蘇美人是外星人的後代。

但無論是哪種見解，都為古老的蘇美文明增加一絲神祕色彩。

西元前 2334 年，兩河流域的遊牧部落阿卡德人進攻蘇美，並占領了所有城邦，蘇美王國宣告覆滅。

蘇美城邦雖然被占領了，但他們的文明並沒有消失。蘇美人掌握的數學、天文、建築、農業知識，以及奴隸社會的制度還是在這片土地上留存下來，並融入後來的巴比倫、亞述等文化中。

良渚文化

中國史前玉器文明的高峰

1936年，中國的考古學家們在浙江杭州挖到了大量石器和陶器的碎片。1959年，在著名學者夏鼐先生的提議下，人們將這處遺址命名為「良渚遺址」。

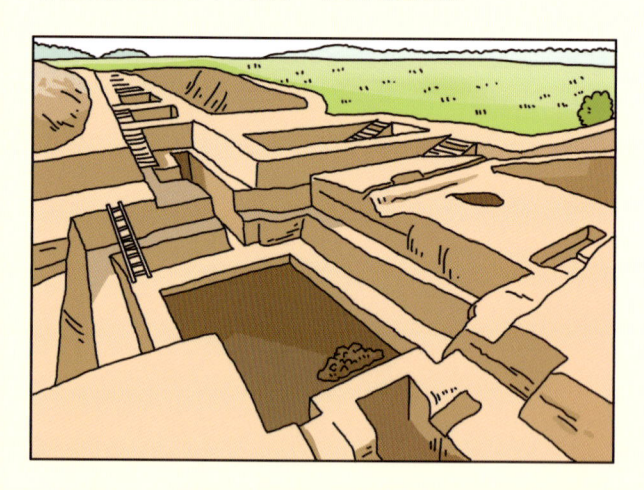

1973年，人們對良渚遺址的發掘有了重大突破：考古學家們挖出大量精美的玉禮器，甚至還挖到5000多年前的古城遺址！隨著發掘的深入，良渚的神祕面紗逐漸被揭開。

約西元前3300～前2300年

良渚人是活躍在5300年～4300年前的中國南方氏族。他們不僅擅長修建水利工程，還很善於加工玉器，能在玉石上刻出比頭髮絲還細的紋路。他們對玉器的崇拜是後來中華玉文化的重要來源。

首先讓考古學家們感到震撼的是古城的規模：古城東西長 1500～1700 公尺，南北長 1800～1900 公尺，總面積達到 290 多萬平方公尺。城中不僅有居住區、墓葬區，還有阡陌縱橫的水道。

城牆處設有 6 道水閘，城外還建有水利大壩。如在洪水氾濫時，水壩可以阻攔洪水；如在枯水時節，城外溪流的水可以通過水壩匯入城中的水道，以保證氏族成員的生活用水。

無論是城市的設計還是水壩的建設，都說明 5000 多年前的良渚人，其在工程上的造詣已非常高。

在良渚的文化中，玉是溝通天地、連接祖先和神明的媒介，所以玉料加工是氏族中最重要的工作。古人祭祀的目的不同，有時是祈願糧食豐收，有時是祈願多子多孫，根據這些目的，需要使用的禮器也不同。

最常見的玉禮器有玉琮、玉璧、玉璋等。其中，玉琮是一個空心柱體，內圓外方。良渚曾出土過一個玉琮王，它只有火柴盒大小，但表面布滿極細膩的紋路，每條線甚至比頭髮還細！這種工藝即便放在今天也很難完成。

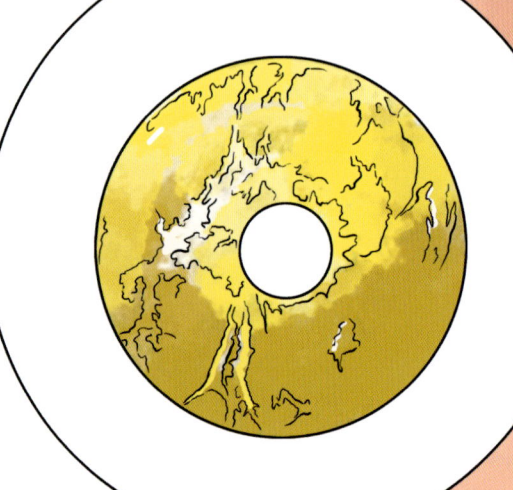

除了用玉製作禮器，良渚人還喜歡把玉加工成配飾並穿戴在身上。在良渚就出土過大量玉璜、玉璧、管串——把這些配件用線穿在一起的配飾就是組玉佩，這種大型玉飾一直流行到戰國末期。

良渚古城中出土的玉器多達 2 萬件，除了禮器和玉飾品，還有玉鳥、玉龜、玉蟬等雕刻品，無論是數量、種類，還是製作的精美程度，都堪稱中國史前玉器的巔峰。

2019 年，良渚遺址更被列入聯合國《世界遺產名錄》。

古印度哈拉帕文化

印度河失落的城市

約西元前 2600～前 1700 年

大約 6000 年前，古印度人開始在印度河和恆河附近定居。在大約 4600 年前，達羅毗荼人在印度河沿岸建立了哈拉帕文明，並修建了壯觀的城市摩亨佐達羅。

19 世紀初，有一名英國士兵從軍隊中逃走，打算漫遊印度實現探險的宿願。1826 年，他在穿越旁遮普省（今天巴基斯坦）時，發現了一片廢墟。此廢墟的建築雖然風化嚴重，但仍可以辨認出高大的城牆和精美的壁龕。於是，這名英國人爲這片廢墟起名爲「哈拉帕」。

1873 年，英國設立的印度考古研究院院長坎寧來到哈拉帕，但他沒有找到任何城堡，因爲英國當局把遺址中的磚石拆下來拿去修鐵路了。

坎寧痛心疾首並開始緊急挖掘，最後找到一枚印章。印章上雕刻著一頭公牛和一段無法解讀的文字。

1919年，考古隊又在560公里外的地方發現一座倒塌的佛塔，並在裡面找到類似的石製印章。隨後，人們在附近找到另一座古代城市遺蹟——這座城市就是摩亨佐達羅。

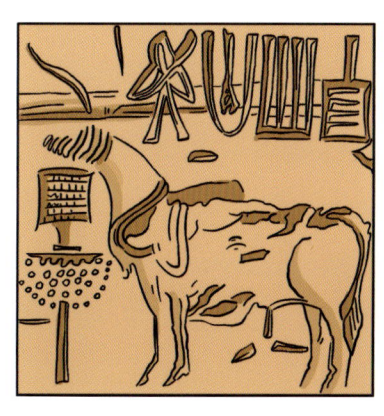

考古工作者們驚訝地發現這是一座4000年前的古城！而且城市的設計、建造水準非常高。為什麼這麼說呢？首先，城中街道和建築是用磚來搭建的，這在幾千年前是非常少見。

　　其次，建築下方設有下水道，市民用過的汙水可以通過水道排出。最後，城市的規劃非常完善，分為居住區、商業區和手工業區，其中有住宅、店鋪、飯館等。城中心還建有巨大的公共浴場，街道上還設有路燈。

　　由於摩亨佐達羅和哈拉帕遺址高度相似，所以研究者將他們歸為一個文化，即哈拉帕文化。這個文化的建立者是達羅毗荼人，也就是今天南印度的居民。

這裡的先民們過著農耕和畜牧結合的生活，他們驅牛耕地，種植的農作物主要有大麥、小麥、棉花、椰棗。畜養的牲畜主要有牛、羊、馬、豬等。

　　4000年前的哈拉帕先民已經學會冶煉青銅器，他們使用的斧、鐮、鋸、刀、漁叉等工具都是由青銅鑄造。

考古學家還在遺址中找到幾百具人類殘骸，其中有不少是澳大利亞人種、地中海人種和蒙古高山人種，說明在4000年前，這裡已經是歐亞各民族交會之地。遺址裡發現的大量文物證明了哈拉帕人與兩河流域、中亞，甚至緬甸、中國都有貿易往來。

不過這樣一個輝煌的文明，卻突然消失在歷史長河裡。關於它的滅亡原因，現在最普遍的看法是因為洪水和瘟疫讓城市凋敝，以及雅利安人的入侵又給了哈拉帕最後一擊。

西元前1750年左右，北方的雅利安人駕著戰車進入印度河流域，用武力征服了沒有軍事戰鬥力的達羅毗荼人，並建立了吠陀文明。

為了鞏固自己的統治，雅利安人創立了婆羅門教，根據教義把人民分為四等：婆羅門是僧侶，象徵神的嘴；剎帝利是武士和貴族，象徵神的手；吠舍是小商戶、手工業者、農民，象徵神的腿；首陀羅是傭人和工匠，象徵神的雙腳。

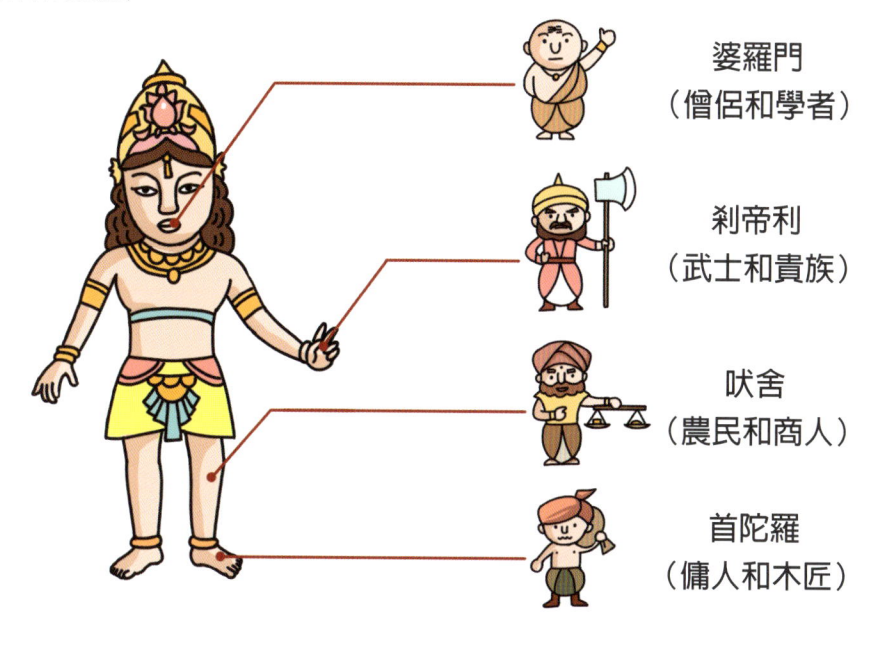

婆羅門
（僧侶和學者）

剎帝利
（武士和貴族）

吠舍
（農民和商人）

首陀羅
（傭人和木匠）

　　在隨後的 1000 多年裡，雅利安人一邊和達羅毗荼人融合，一邊不斷東遷，並來到恆河流域。他們在這個過程中所建立的吠陀文明，也奠定了後來恆河文明的基礎。

西臺帝國和冶鐵技術

世界上最早掌握冶鐵技術的王國

約西元前1800～前800年

在人類早期文明時期，很多民族都學會冶煉青銅。兩河流域、印度河和黃河流域的先民不僅會用青銅製作餐具、酒器，還會用青銅製作斧頭、鐮刀等農具。

西臺人是生活在西亞的遊牧民族，西元前18世紀時，他們統一了小亞細亞一帶的城邦，建立了西臺帝國。西臺人是世界上最早使用冶鐵技術的民族，不過他們將這種技術當成國家機密，杜絕外傳。

但青銅其實很軟，使用青銅製作的農具用不了兩年就會變形。所以當人們學會冶鐵以後，鐵具便很快就取代了青銅。

全世界第一個開始使用鐵器的民族是西臺人。在大約 3800 年前，西臺人騎著戰馬、駕著戰車、配著青銅匕首，征服了今天土耳其東部，並建立起西臺帝國。

至西元前 14 世紀時，西臺人占領了今天敘利亞的大部分地區，疆域達到前所未有的廣闊，實力也空前強大。

王國的崛起與西臺人掌握冶鐵技術有關。在西元前 15 世紀左右，西臺人已經學會冶鐵，並開始用鐵鑄造長矛、彎刀。這些武器比青銅刀劍更具韌性，也更鋒利，因此大大提升了殺傷力。

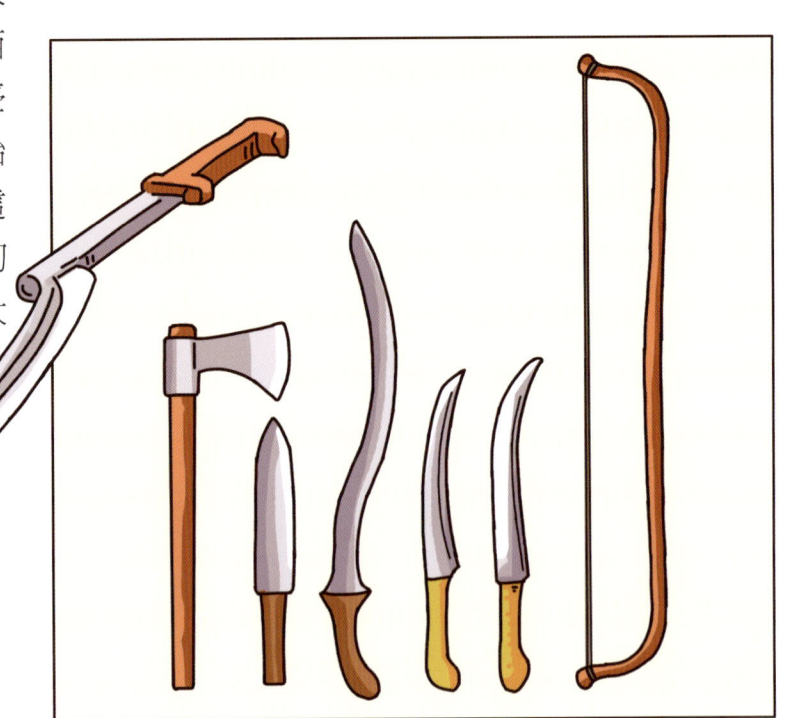

西臺人還用鐵鑄造戰車的部件，將車改得更加結實、龐大。一輛戰車可搭乘 3 個士兵，士兵手持長矛、盾牌，由披著鐵甲的戰馬牽引並奔襲在戰場上，足以讓敵人聞風喪膽。

西臺人將自己的冶鐵技術視爲國家機密，只允許少量工坊製作，加上當時鐵的產量不高，成本也很昂貴。也因爲這樣，只有少量軍官和精銳部隊才能配備鐵製武器。但這些先進兵器的使用，還是提升了西臺軍隊的戰鬥力。

　　西元前 13 世紀是西臺帝國命運的轉捩點。這一時期，在拉美西斯二世統治下的埃及也同樣強大，兩個帝國在卡迭石地區爆發大戰。雙方斷斷續續打了 16 年，損失都很慘重，最後決定簽訂和平協議。

　　在這場戰爭後，西臺帝國又在海上民族弗里吉亞人的侵襲下迅速衰弱，最後在西元前 8 世紀被亞述帝國殲滅。

腓尼基人環繞非洲航行

古代航海的重要成就

西元前 1000～前 200 年

大約在西元前 3000 年，腓尼基人定居在地中海東岸。他們居住的地方，前面是浩瀚的大海，背後是高大的黎巴嫩山，缺乏耕地的環境註定腓尼基人不能成為農耕民族，只能以貿易為生。

腓尼基人的船，多用黎巴嫩的高山雪松製成，船身狹長，前端高高翹起，中部建有交叉的桅杆，兩側設雙層檣櫓，通體看起來輕巧、結實。

腓尼基人發源於地中海東岸，他們擅長製作玻璃和金屬器物，還會用巨大的雪松製造一種狹長、堅固的海船。他們四處航行做生意，曾經駕船環繞非洲，是古代著名的探險者和貿易民族。

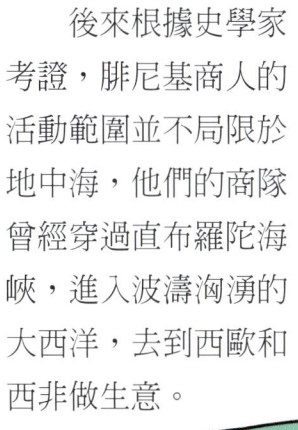

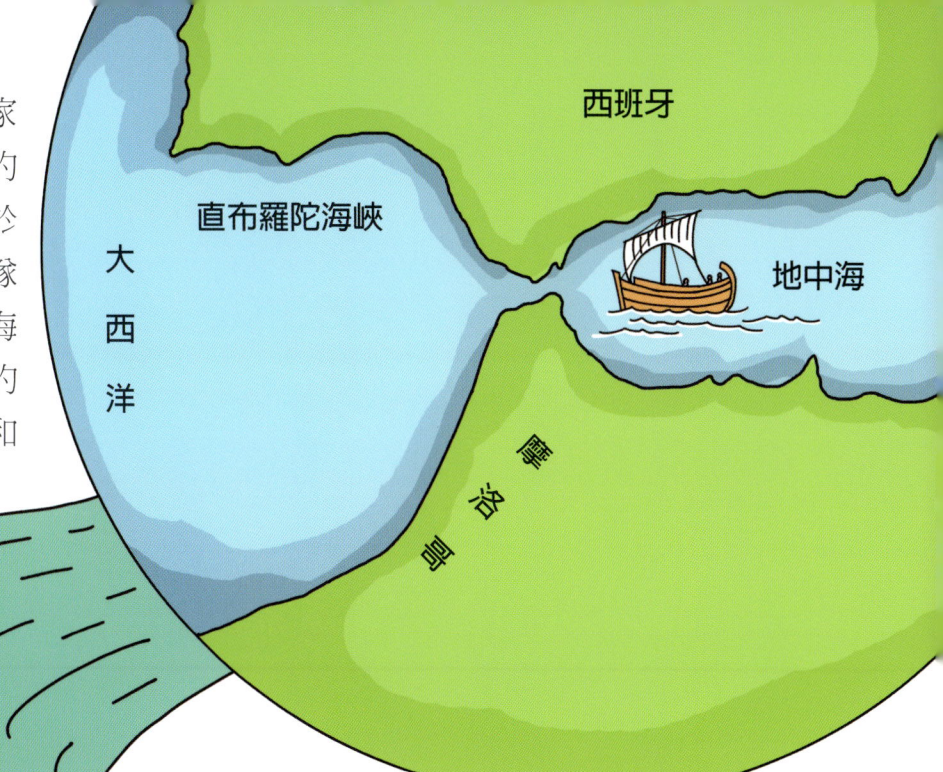

後來根據史學家考證，腓尼基商人的活動範圍並不局限於地中海，他們的商隊曾經穿過直布羅陀海峽，進入波濤洶湧的大西洋，去到西歐和西非做生意。

西班牙

直布羅陀海峽

大西洋

地中海

摩洛哥

北非還流傳著一個關於腓尼基探險者的故事，故事中幾個腓尼基勇士花費3年多時間完成環繞非洲遠航，並把沿途蒐集的珍寶獻給法老作為憑證。

西元前10～前8世紀，腓尼基的文明達到頂峰，他們在地中海沿岸建立多個殖民地。但習慣漂泊的他們卻一直沒有建立自己的國家，所以後來這支民族連同他們的航海基因，也逐漸融入了希臘文明。

新巴比倫帝國

四大文明古國之一

西元前 612～前 539 年

在西亞兩河流域，曾經兩次建立起巴比倫帝國。第一次是蘇美滅亡後，由阿摩利人建立起的古巴比倫帝國；第二次是西元前 612 年，由迦勒底人建立起的新巴比倫帝國。我們熟知的「空中花園」就是新巴比倫帝國的建築。

巴比倫的意思是「神之門」，從這個名字我們就能感受到幾千年前的西亞先民有多麼為自己的國家驕傲。在歷史上，兩河流域曾經兩次建立起巴比倫帝國。第一次是在西元前 1900 年左右，由阿摩利人建立的古巴比倫帝國。

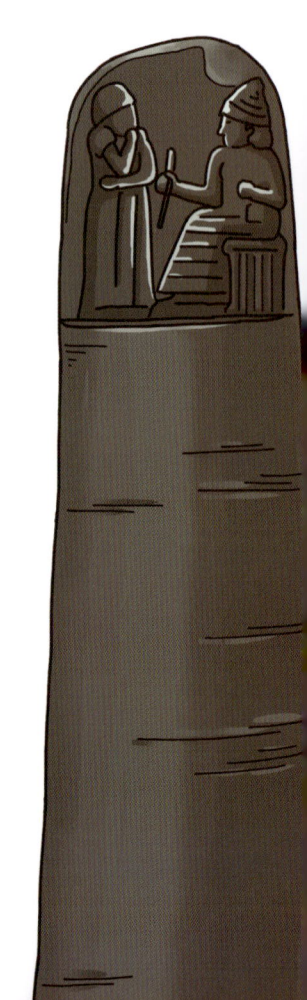

古巴比倫帝國最著名的成就，是在第六任國王漢摩拉比統治期間頒布了《漢摩拉比法典》。這是世界歷史上第一部較為詳細完備的成文法。法典的正文部分記錄了 282 條法律，涉及刑事、民事、貿易、婚姻等領域，並用楔形文字刻在玄武岩石柱上，因此又稱「石柱法」。

有一些法律現在看來很可笑，譬如：原告控告被告，被告需要跳進河裡，如果他的身體下沉，則說明他有罪，此時原告可占有他的房子；如果他浮起來，則說明他無罪，原告將被處死，而他的房子將歸於被告——這在當時，可是一條嚴肅的法律！

漢摩拉比統治巴比倫40多年，在這時期古巴比倫的繁榮到達頂點。但在國王去世後不久，古巴比倫就遭遇西臺人的入侵而滅亡了。

在此後大約1000年間，兩河流域又建立起亞述王國，但由於亞述人太殘暴，在東征西討的過程中經常屠城，所以激起西亞各民族的共同反抗。

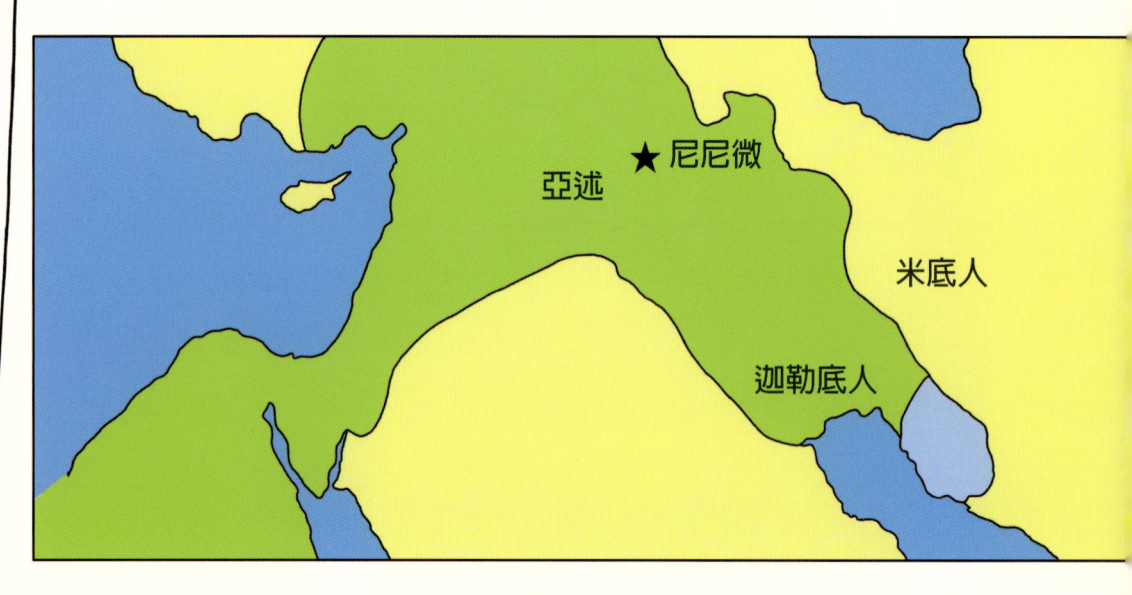

西元前6世紀，迦勒底人再次建立起新巴比倫帝國，並和米底人建立了「反亞述聯盟」。西元前612年，聯盟攻破了亞述帝國的首都尼尼微，亞述帝國因此宣告滅亡。

新巴比倫的第二任國王叫尼布甲尼撒二世，他是新巴比倫最著名的國王，因為他曾做過三件大事：第一為四處征戰，攻破了猶太王國，並占領了現在的敘利亞、巴勒斯坦一帶。

第二件事是大興土木，他修建首都巴比倫城，把它建成西亞最繁華的工商業城市。巴比倫城規模龐大，城市四周有兩道城牆環繞，外牆厚度達 7 公尺並用燒磚砌成，內牆則用泥土夯築。

城牆上設有 8 扇城門，其中北門就是著名的伊斯塔城門。這扇門的表面鋪滿青色琉璃磚，上面飾有公牛和神話中怪物的浮雕。

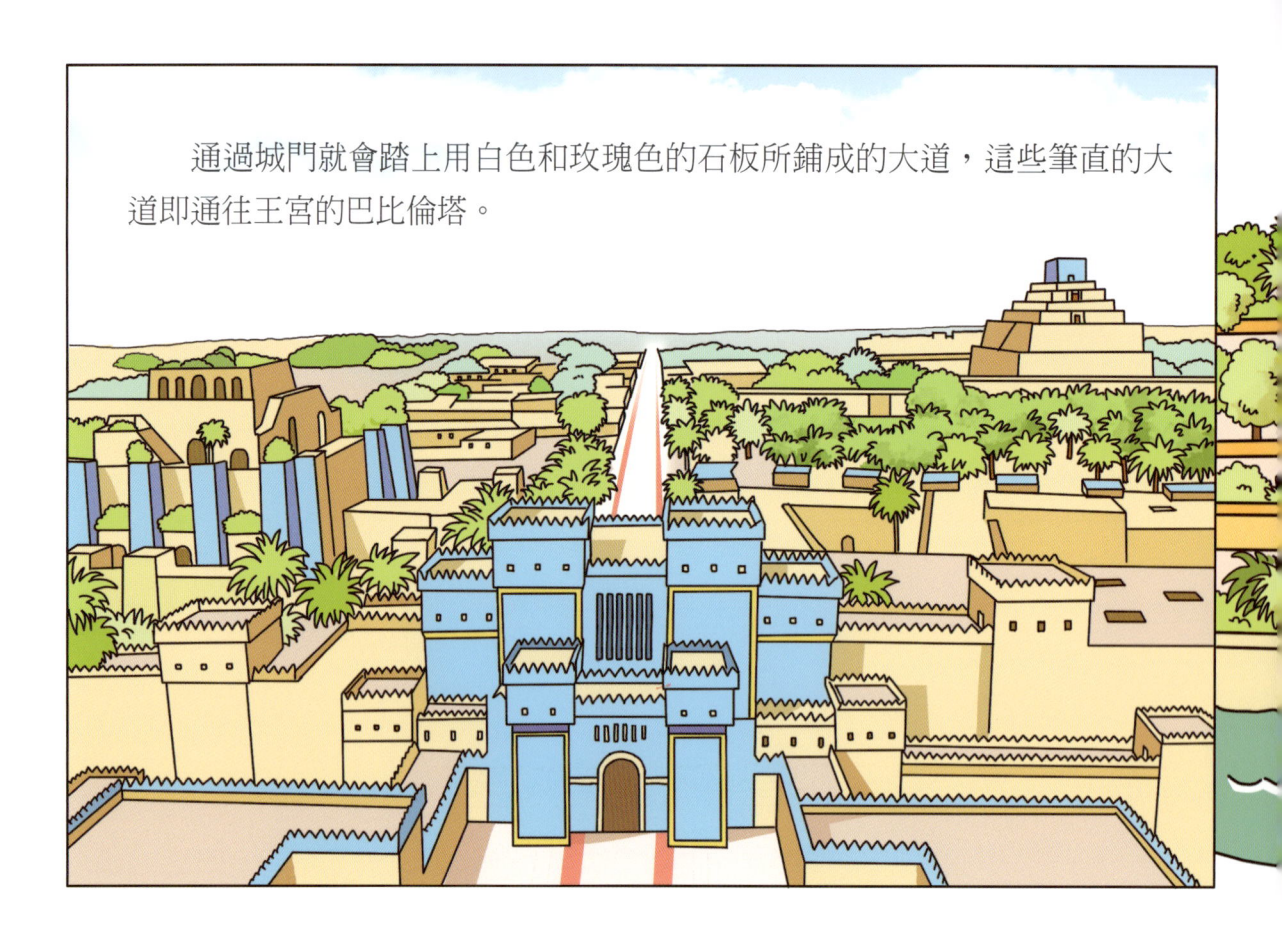

通過城門就會踏上用白色和玫瑰色的石板所鋪成的大道，這些筆直的大道即通往王宮的巴比倫塔。

巴比倫塔高 90 公尺，共有 7 層，最高層是一個神廟，其餘 6 層為長寬相等、端面為正方形的實心體土壇。塔側設有臺階，可拾階而上，直至塔頂的神廟。

尼布甲尼撒二世做過的第三件大事，就是為紀念妻子而修建「古代世界七大奇蹟」之一的空中花園。不過，我們現已無法得知這座建築到底有多華麗，因為它的遺址直到現在都沒被考古學家找到。

巴比倫城是當時世界上最宏偉、富庶的城市，直到100多年後，希臘歷史學家希羅多德來到巴比倫城時，仍然稱它為「最壯麗的城市」。

> 這是我看過最壯麗的城市。

不過就在尼布甲尼撒二世去世後，王權和祭司集團的矛盾就加劇了。以至於西元前539年，當波斯人入侵時，祭司們竟打開城門，導致新巴比倫帝國這個建立還不到100年的國家，就此覆滅。波斯人的入侵切斷了兩河流域的文化傳承，西亞的黃金年代也就此結束。

波斯波利斯

波斯第一帝國的首都

大約在西元前 5 世紀，古波斯人占領了新巴比倫帝國，並擊敗了埃及第二十六王朝，建立起人類歷史上第一個橫跨亞、非、歐三大洲的帝國——波斯阿契美尼德帝國。

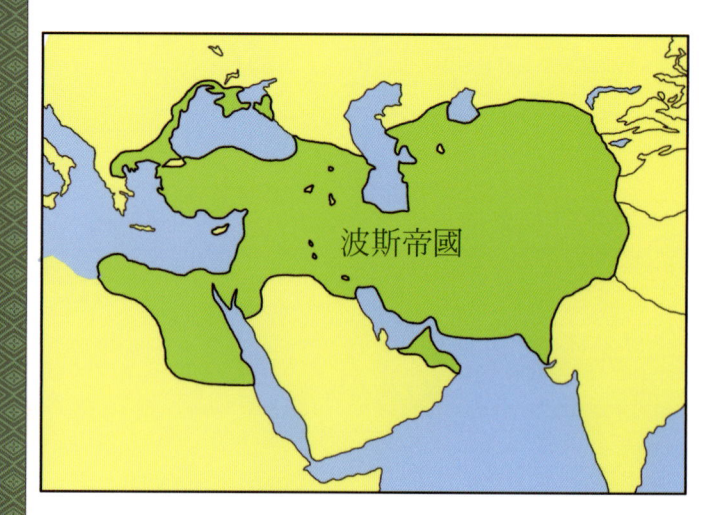

波斯帝國

西元前 522 年，國王大流士一世即位，為了彰顯帝國的強大，他決定修建兩座全新的都城。

西元前 518～前 330 年

起源於伊朗高原的雅利安人建立起了波斯王國，他們先後滅掉新巴比倫、埃及第二十六王朝，在西元前 525 年，終於建立了橫跨亞、非、歐三大洲的帝國。國王大流士一世在位期間，為了彰顯帝國的強大，興建了新首都波斯波利斯。

這兩座都城一座在蘇薩,另一座在帕薩爾(帝國的中心位置),後者就是著名的波斯波利斯。「波利斯」的意思是「城市」,所以這個都城的名字就是「波斯之都」。

在西元前 518 年,波斯波利斯落成,並成為波斯國王接見外國使節,或接受萬國來朝的場所。都城的面積約 13.5 萬平方公尺,東面靠山,其餘三面建有雙重城牆,固若金湯。主要建築建在一座高達 13 公尺的石質巨型平臺上,西北端有一道階梯供人登上平臺。

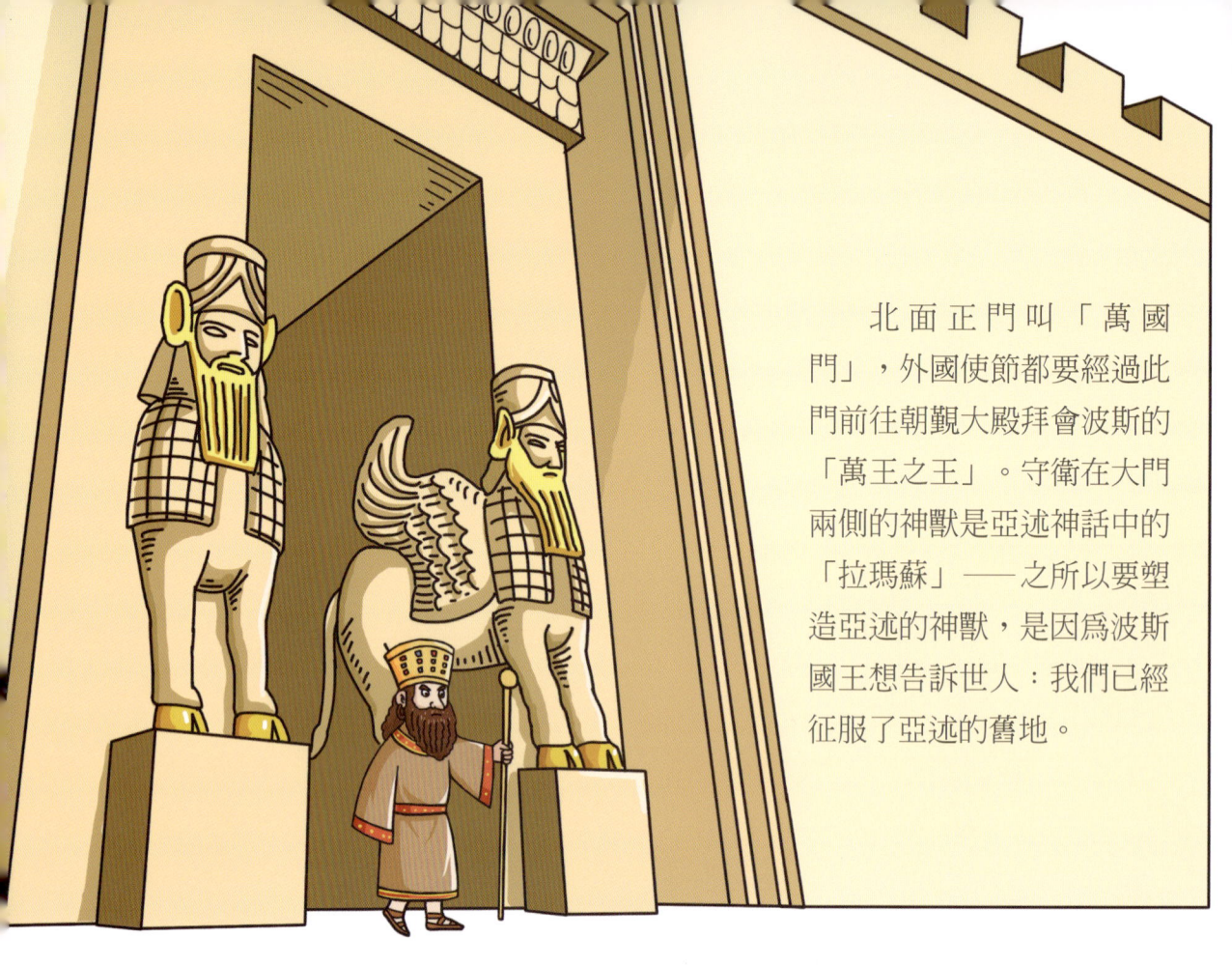

北面正門叫「萬國門」，外國使節都要經過此門前往朝覲大殿拜會波斯的「萬王之王」。守衛在大門兩側的神獸是亞述神話中的「拉瑪蘇」——之所以要塑造亞述的神獸，是因為波斯國王想告訴世人：我們已經征服了亞述的舊地。

　　萬國門的西面是觀見大殿，東面是百柱宮——這兩座建築是波斯波利斯最核心的宮殿。其中，觀見大殿是國王接見使節、舉辦慶典儀式的場所，可容納萬人，極為氣派。

百柱宮修建於國王薛西斯一世時期，是他接見、獎勵高級將領的地方，後來成為帝國的陳列館，裡面收藏著來自帝國各地的金銀器、寶石、紡織品和雕塑。

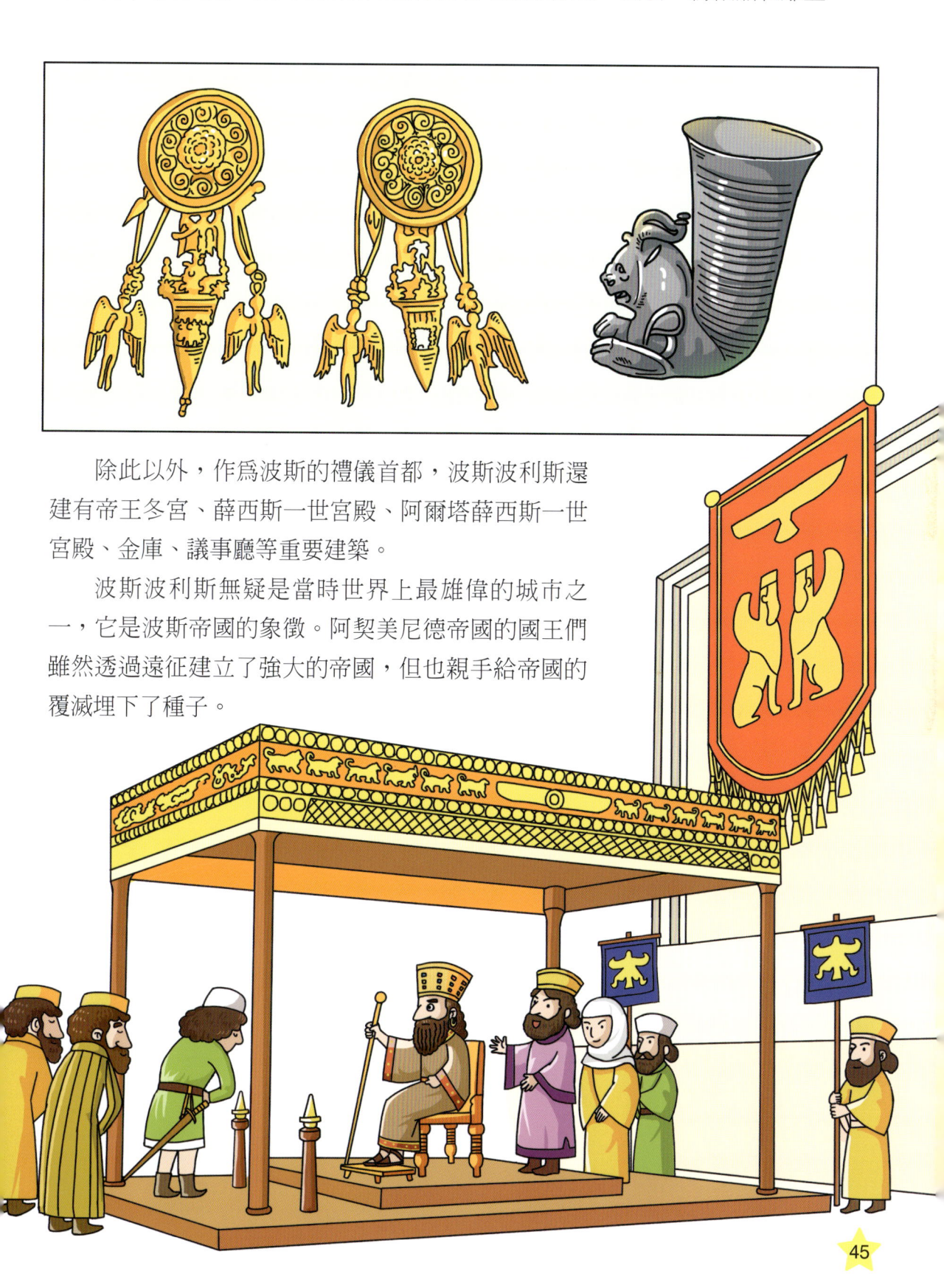

除此以外，作為波斯的禮儀首都，波斯波利斯還建有帝王冬宮、薛西斯一世宮殿、阿爾塔薛西斯一世宮殿、金庫、議事廳等重要建築。

波斯波利斯無疑是當時世界上最雄偉的城市之一，它是波斯帝國的象徵。阿契美尼德帝國的國王們雖然透過遠征建立了強大的帝國，但也親手給帝國的覆滅埋下了種子。

西元前490年,波斯軍隊對希臘發動戰爭,他們一度攻入雅典,風光無限。但是,波斯軍團在遠征時屠戮城市,這在希臘人心中埋下了仇恨。西元前331年,年僅20歲的亞歷山大繼任皇帝,隨即發動對波斯的遠征。

　　同年,希臘人攻陷了波斯首都之一的蘇薩,並重演當年波斯軍隊在希臘所做的一切:希臘士兵在蘇薩燒殺搶掠數日,並焚毀了宮殿。西元前330年,希臘人又占領了波斯波利斯,將這裡付之一炬。阿契美尼德帝國宣告終結。

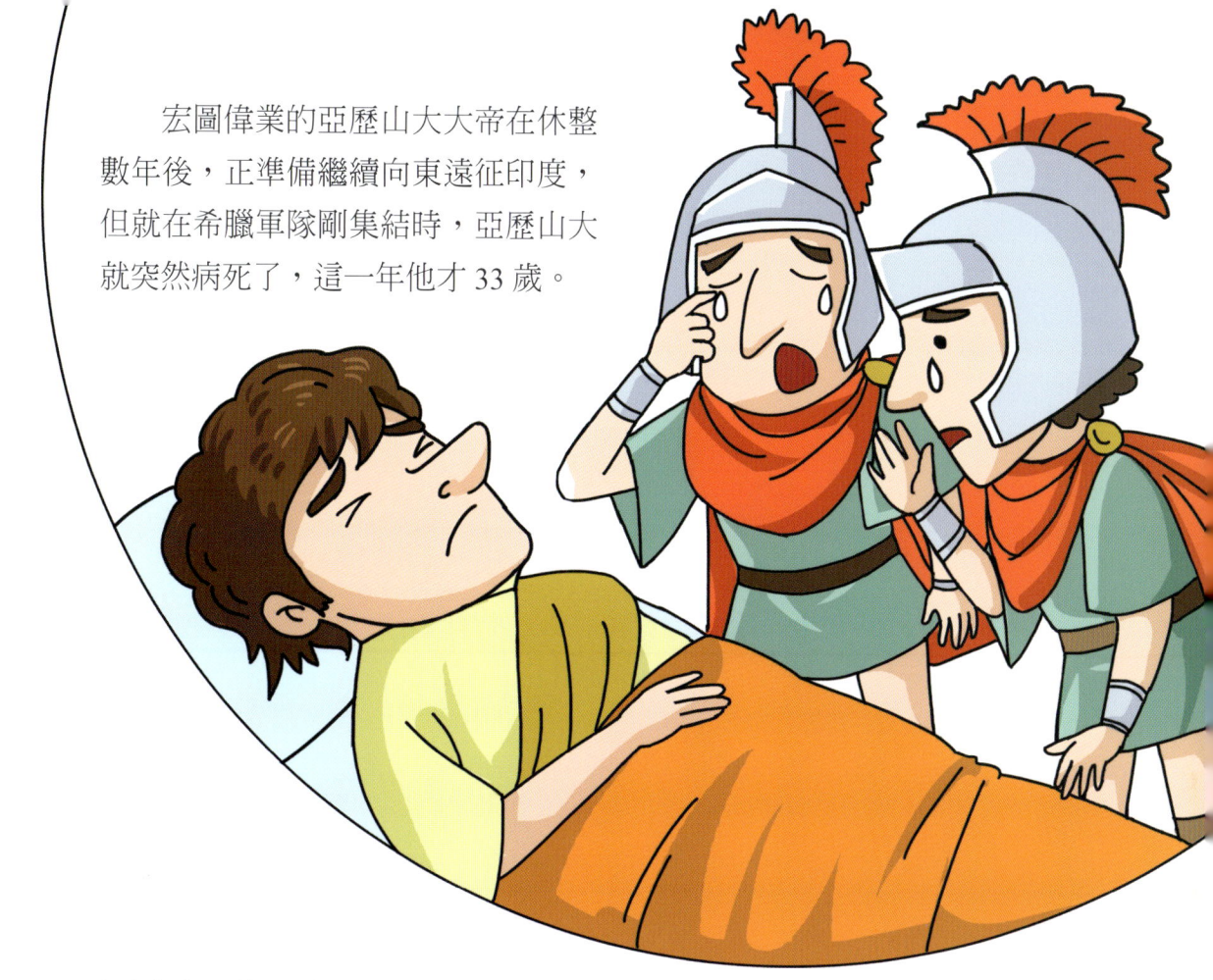

宏圖偉業的亞歷山大大帝在休整數年後，正準備繼續向東遠征印度，但就在希臘軍隊剛集結時，亞歷山大就突然病死了，這一年他才33歲。

亞歷山大死後，希臘的軍官們占領了波斯帝國昔日的領土，但他們沒能實現有效統治。約500年後，波斯人又在這片土地建立了薩珊王朝，即波斯第二帝國。

波斯帝國

波斯帝國的歷史，是歐亞文明爭霸史中的重要一環。在帝國統治期間，波斯人為中亞各民族留下了三項遺產。

第一，就是行省制的設立。波斯第一帝國的巔峰時期，領土超過 600 萬平方公里，人口逾 1800 萬。為了管理這龐大的帝國，大流士一世將全國劃分為不同行省，行省總督由國王任命。這種管理方式，為後來的其他帝國提供參考。

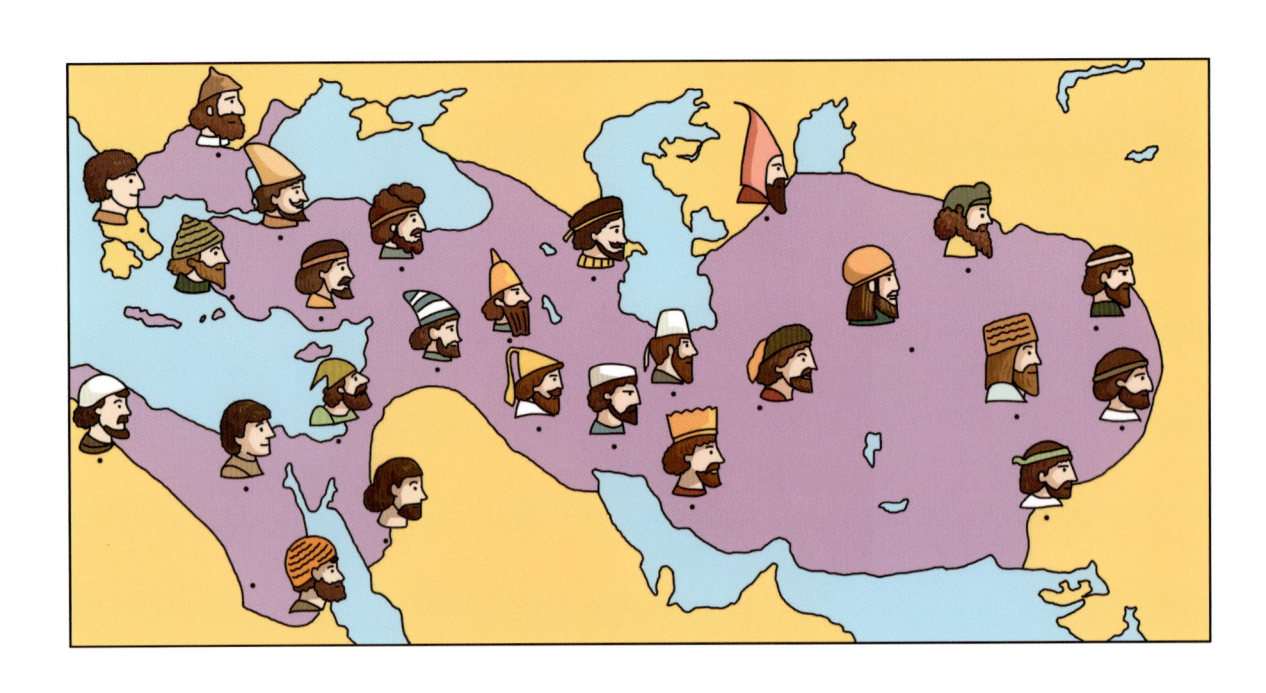

第二項是統一度量衡和貨幣，這為西亞各王國的交流、經濟發展提供便利。

第三項遺產就是祆教，這是伊斯蘭教出現前，西亞最有影響力的宗教。這種宗教崇拜太陽、光明和火焰，因此又被人稱為「拜火教」。

阿基米德

古希臘數學、物理學集大成者

西元前 287 年～前 212 年

阿基米德生活在古希臘和羅馬文明新舊交替的時代，他自小跟著希臘數學家們學習，後來又在物理學上取得很高的造詣，被後人稱為「力學之父」。他還曾設計很多新奇的武器，幫助希臘人抵禦羅馬軍隊。

你也許聽過這樣一句名言：「給我一個支點，我將舉起整個地球。」這句話闡述力學中的槓桿原理，同時，它也表達了不畏困難、勇往直前的態度。說這句話的人，正是古希臘著名科學家阿基米德。

> 給我一個支點，我將舉起整個地球。

阿基米德出生於西元前 287 年，他的父親是一位數學家、天文學家。受父親的影響，阿基米德從小就對數學產生濃厚興趣。

20歲時,阿基米德被父親送到埃及的亞歷山大城,跟隨著名的數學大師歐幾里德等人學習幾何學、天文學。亞歷山大城位於尼羅河口,是當時世界文化貿易中心,因學者雲集還被世人譽為「智慧之都」。

阿基米德在這裡受到很好的知識薰陶,還開始對機械設計產生興趣。有一天,他在乾旱的尼羅河邊散步,看到農民提水澆地相當費力,就想設計一款省力的抽水機械。經過反覆思考,他製造出一種螺旋式抽水機,這就是幾千年後螺旋式推進器的始祖。

螺旋泵　　　水

阿基米德螺旋抽水機

阿基米德學成後便回到故鄉敘拉古，這時他已成為遠近聞名的學者，從國王到平民都喜歡向他討教各種學問。有一次，敘拉古的國王讓工匠做了一頂黃金皇冠，待工匠交貨後，國王又擔心工匠偷工減料，於是讓阿基米德前來檢驗。

　　阿基米德正為這件事頭疼，結果在回家泡澡時意外找到靈感。他發現自己躺進浴缸時水會外溢，於是想到用排水量來測定固體體積的辦法！

阿基米德在國王面前設了兩個水桶，把皇冠和同等重量的黃金都浸入水中，結果發現皇冠這邊溢出的水更多，表示工匠果然在其中摻雜了其他金屬。這次實驗不僅大獲成功，還促使阿基米德發現了浮力原理。

　　還有一次，國王造了一艘船，卻因為船太大無法拖進海裡，只得再次請教阿基米德。阿基米德在船周圍安裝滑輪，並請了100個工匠和國王一起牽動繩子，竟真的把船拖進了大海。

　　這次實驗成功證明了阿基米德的槓桿原理，即：動力 × 動力臂 = 阻力 × 阻力臂。正是因為這個發現，阿基米德才說出了那句「舉起地球」的名言。

阿基米德在數學上的成就也很突出，他撰寫了《方法論》一書，書中的概念已十分接近微積分。他還用割圓術求出 π 的數值區間。古希臘數學正是在他的研究下達到前所未有的高度。

在天文學方面，阿基米德也頗有建樹。他改良十字測角器，還發明水力天象儀——這個天象儀不但運行精確，還能預測月蝕、日蝕的時間。

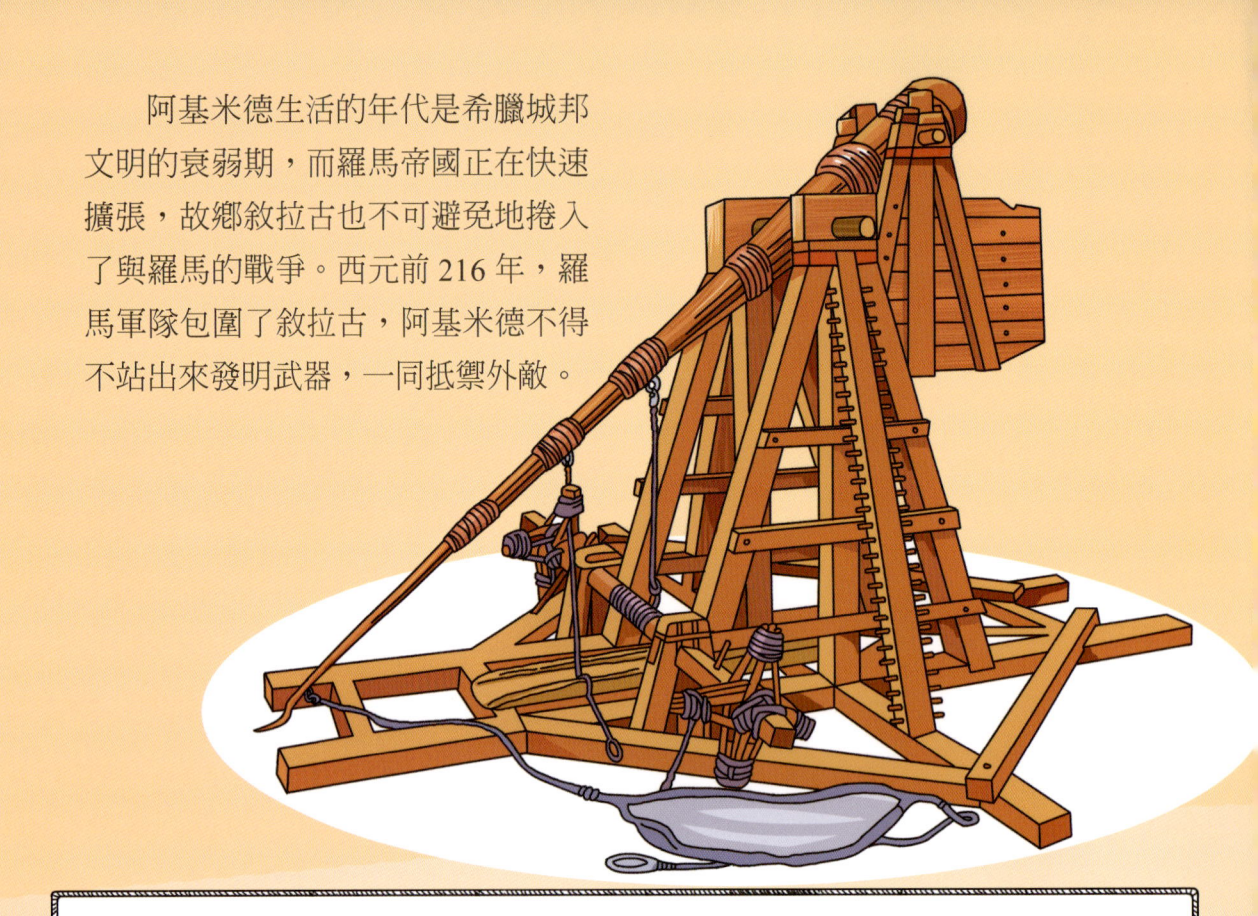

阿基米德生活的年代是希臘城邦文明的衰弱期,而羅馬帝國正在快速擴張,故鄉敘拉古也不可避免地捲入了與羅馬的戰爭。西元前 216 年,羅馬軍隊包圍了敘拉古,阿基米德不得不站出來發明武器,一同抵禦外敵。

他根據槓桿原理發明拋石機,這種機器可以將大石塊投射向羅馬的戰艦。他還發明了起重機,可以將敵人的戰艦吊到半空中,然後重重地摔下。

據說，他還曾組織城中的婦孺舉著鏡子來到海邊，通過陽光反射點燃羅馬艦隊的船帆。這些武器打得羅馬軍隊措手不及，連羅馬將軍都苦笑著承認：「這是一場羅馬艦隊與阿基米德一人的戰爭。」

然而，孱弱的希臘城邦最終還是沒能抵住羅馬艦隊的進攻，羅馬人最後還是殺入了城內。阿基米德也被一個士兵殺死了。

對於這樣一位偉人的離世，人們無不痛惜。就連身為敵人的羅馬將軍也感到難過，他命人將阿基米德安葬在西西里島上，並在他的墓碑刻上獨特的幾何圖形，以紀念這位科學巨匠。

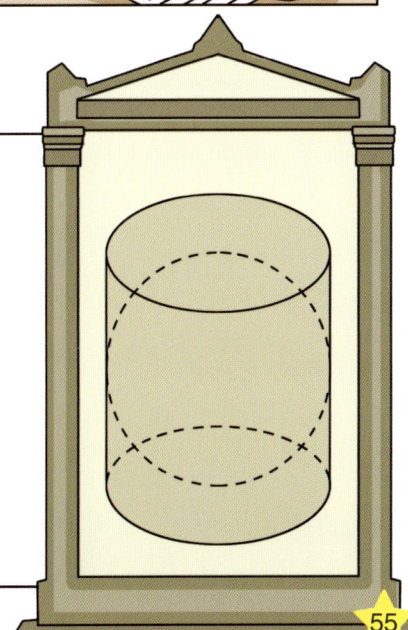

秦朝的超級工程

長城、靈渠、阿房宮和兵馬俑

西元前 221 年～207 年

西元前 221 年，秦始皇統一中國，並建立中國歷史上第一個封建王朝。秦朝雖然只存在短短 15 年，但修建了許多宏偉的工程。其中，秦始皇兵馬俑直到 20 世紀才重見天日，震撼世人。

西元前 221 年，秦國透過征戰統一全中國，建立了中國歷史上第一個封建王朝，而秦始皇就是中國歷史上第一個「皇帝」。

雖然秦朝在建立 15 年後就被推翻了，但這個帝國還是給中華文明留下眾多寶貴遺產。首先，秦始皇在統治期間實行「車同軌、書同文」的政策，統一了全國的度量衡、文字，這為後來科技、經濟的發展打下重要基礎。

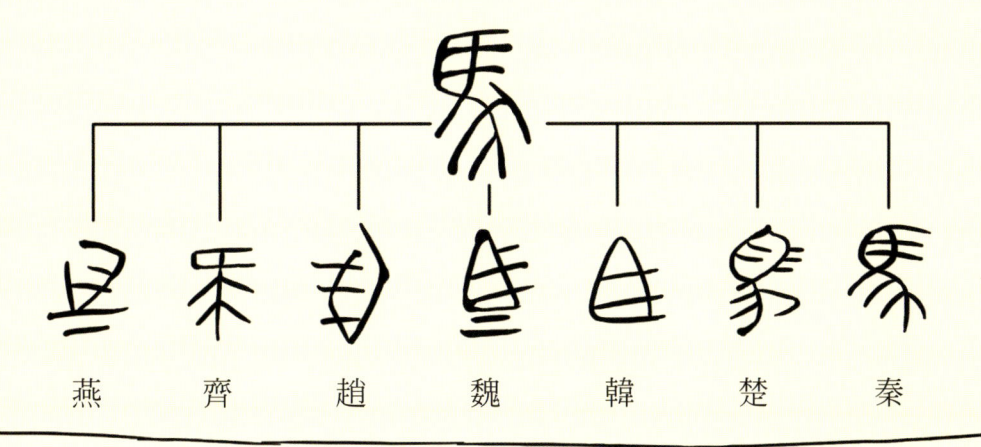

燕　齊　趙　魏　韓　楚　秦

其次，秦朝設立了郡縣制，將帝國的疆域進行較合理的劃分，為後世的行政管理提供重要參考。

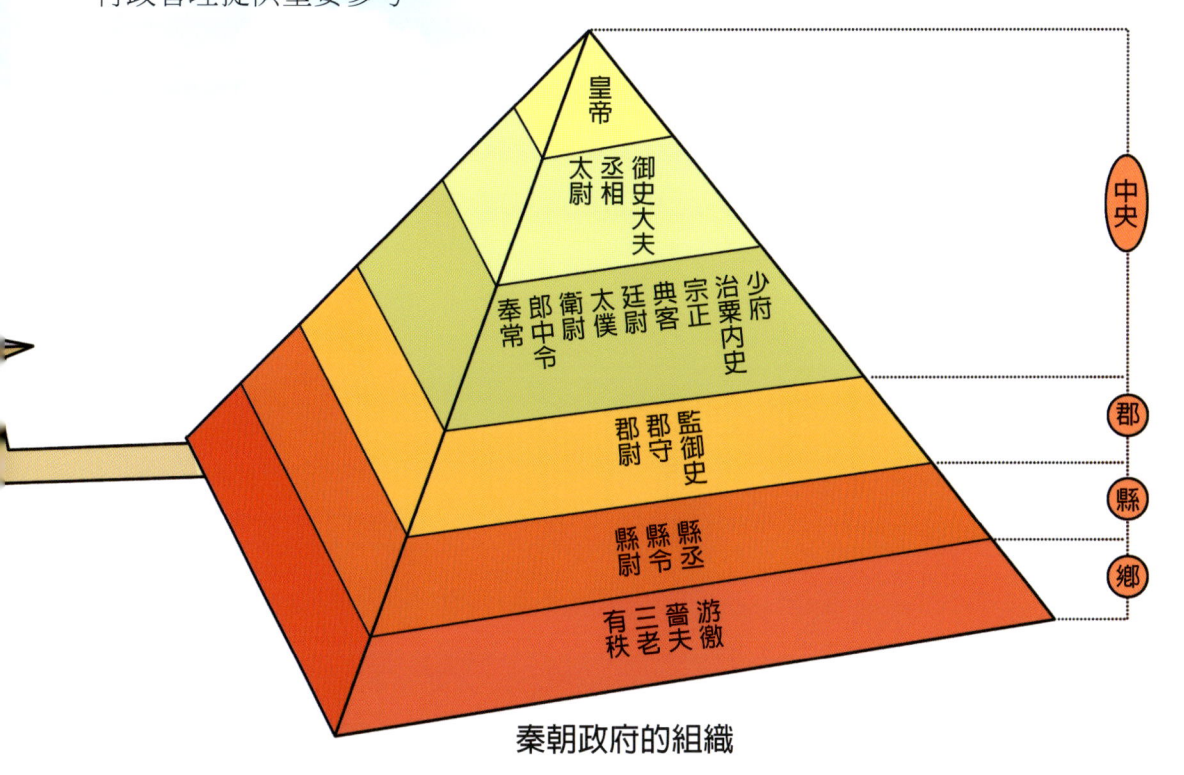

秦朝政府的組織

最後，秦朝還修建很多偉大的工程，有些工程在後世使用了幾百年，也有些則深埋地下，直到幾千年後才重現於世，並成為考古學家研究古代社會的重要資料。

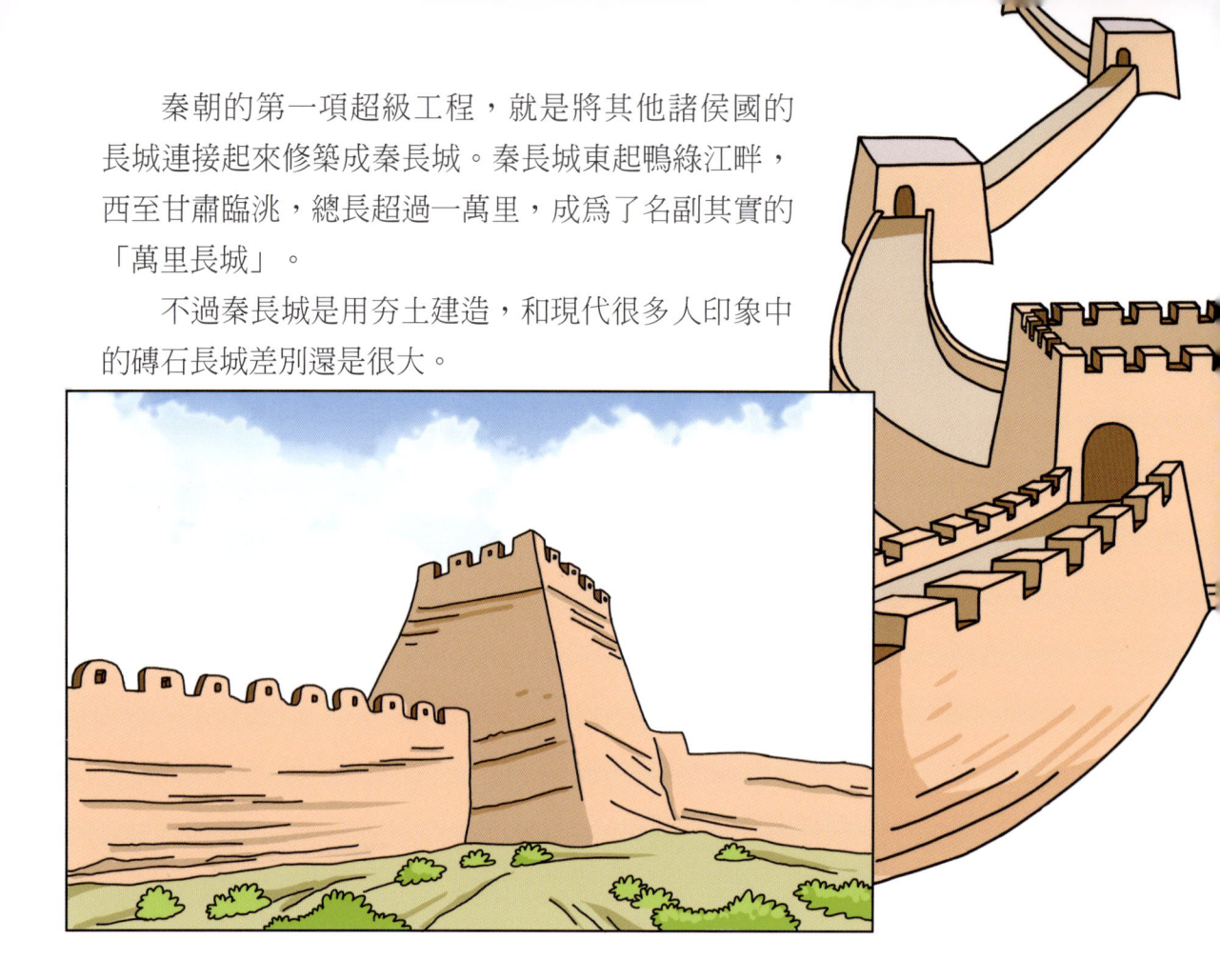

秦朝的第一項超級工程，就是將其他諸侯國的長城連接起來修築成秦長城。秦長城東起鴨綠江畔，西至甘肅臨洮，總長超過一萬里，成爲了名副其實的「萬里長城」。

不過秦長城是用夯土建造，和現代很多人印象中的磚石長城差別還是很大。

爲了連接帝國首都和全國，秦朝還修建了秦直道，這條寬 60 公尺、長 700 多公里的公路是當時世界上首屈一指的「高速公路」。

在山勢複雜的廣西，秦朝又修建大型運河靈渠。靈渠分為南渠和北渠，將興安縣東面的海洋河和興安縣西面的大溶江連接起來，總長超過 36 公里，具有水路運輸、灌溉、防洪等多重作用。沿岸居民直到現在都仍受惠。

秦始皇還曾下令修建阿房宮，這是一座包含眾多宮室、亭臺樓閣和園林的超級宮殿，如果能建成，應該會成為當時世界上最大的宮殿。

但阿房宮還沒完成，秦朝就被推翻了。起義軍首領項羽一把火燒毀了阿房宮，據說大火燒了 3 天都未熄滅。

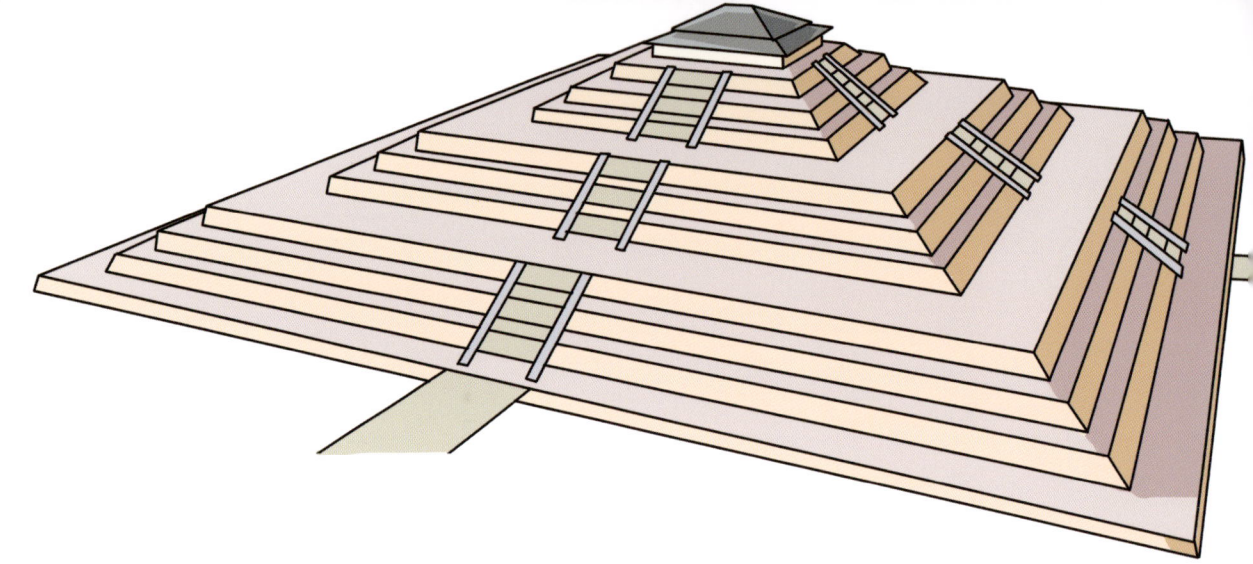

在秦朝所有的超級工程中，最讓人感到神祕的就是秦始皇陵了。因為 2000 多年來都沒人知道它的具體位置，而史書的記載又叫人浮想聯翩，因而對皇陵充滿好奇。

史書記載到：始皇帝前後動用超過 70 萬人，共修建 39 年，陵墓才在西元 208 年完工。墓室頂部是用銅做的，嵌有夜明珠模仿星辰，地面上以水銀模擬江河湖海，還堆滿各種珍寶。

直到 1974 年，現代科學家對秦始皇陵的研究才有了突破。

這一年，陝西省的農民無意間在田中挖到陶製人頭，後來考古學家們發現陶製人頭就是史書中記載的陪葬兵馬俑。研究者透通過兵馬俑坑的方位，並結合現代化的探勘，這才確定地宮的大致位置。不過，考慮到考古技術的侷限，科學家們還不打算打開這座皇陵。

雖然秦始皇陵地宮不能打開，但作為陪葬品的兵馬俑已足夠震撼世人了。

中國的先民們認為人死了靈魂不會消失，而是會去仙界，所以要把墓主人身前所有重要的寶貝都放進墓葬中，讓他一併帶去仙界。兵馬俑就是在這樣的背景下被埋入地下。

兵馬俑之所以能震撼世界，首先是因為陶俑數目眾多——目前三個俑坑中一共發現超過 7000 個俑。其次，陶俑雕刻、鑄造栩栩如生、千人千面，展現古人高超的技藝和秦朝強大的生產能力。

兵馬俑士兵雖然現在看起來灰撲撲的，但在埋葬之初，它們都是彩色人俑。

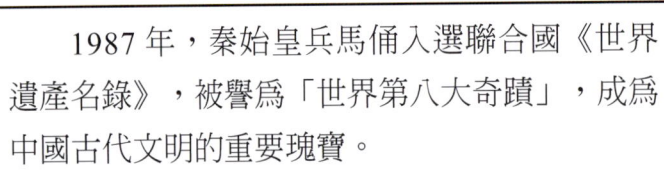

1987 年，秦始皇兵馬俑入選聯合國《世界遺產名錄》，被譽為「世界第八大奇蹟」，成為中國古代文明的重要瑰寶。

絲綢之路連通歐亞

工藝、貿易和文化的連通

西元前 202 年，劉邦建立了漢朝，一個新王國屹立在歐亞大陸的東方。但漢朝剛建立的時候，國力還很孱弱，北方的匈奴時常南下劫掠百姓。

漢武帝即位後，聽說西域有一個叫大月氏的國家與匈奴是世仇，便想和他們一起抗擊匈奴。但當時大月氏已遷徙到更西邊，而往西域的道路被匈奴人把持著。

西元前 202 年～8 年

漢朝建立之初仍受到北方遊牧民族威脅，為了找到盟友共同抗擊匈奴，漢武帝派張騫出訪西域。張騫的西行雖然沒能完成軍事使命，但和西域各國建立友好邦交，為後來各國進行貿易奠定基礎，連通歐亞大陸的絲綢之路逐漸形成。

於是漢武帝派遣使臣張騫出訪西域。西元前138年，張騫攜帶100多人的隊伍出發，花費10多年時間才到達大月氏。但此時的大月氏已經不想再打仗了，張騫只能無功而返。

張騫的軍事目的雖然沒有達成，但他記下西域各國的位置和風土人情，也和各國建立友好關係。後來，漢朝逐漸強大，把匈奴趕出北方草原，並控制中原通往西域的道路。

漢朝的版圖擴大後，便開始和西域各國進行貿易，互通有無。由於漢朝出口的絲綢和紡織品在沿途各國都很暢銷，所以後世的學者便將這條貿易路線稱為絲綢之路。

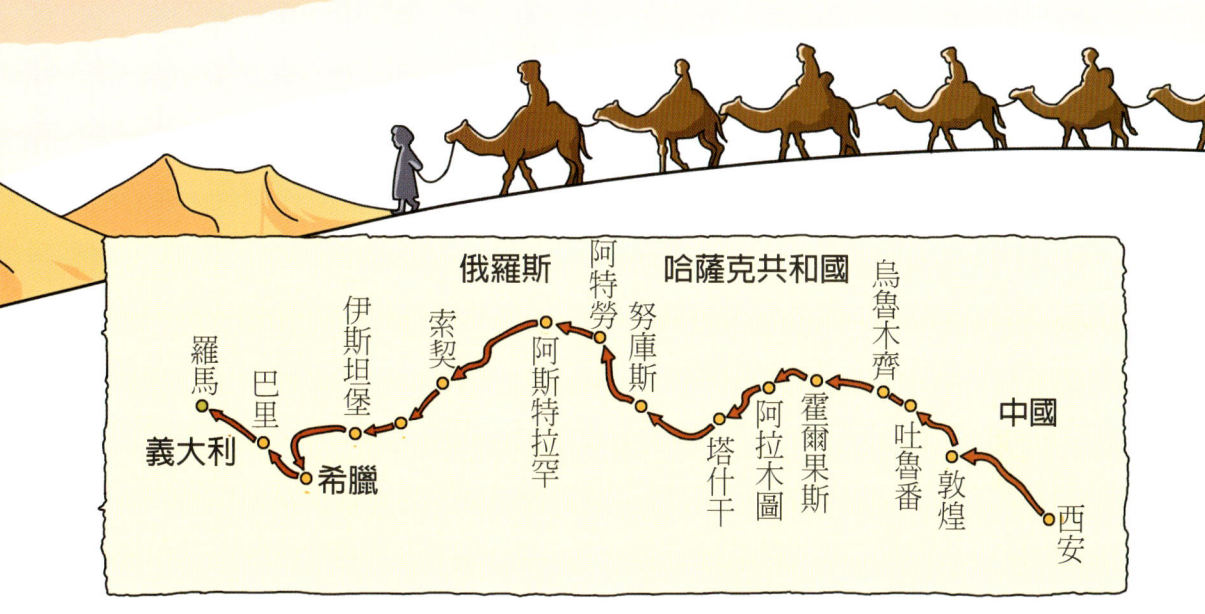

路線：羅馬（義大利）← 巴里 ← 伊斯坦堡 ← 希臘 ← 索契（俄羅斯）← 阿特勞 ← 努庫斯 ← 阿斯特拉罕 ← 塔什干 ← 阿拉木圖（哈薩克共和國）← 霍爾果斯 ← 烏魯木齊 ← 吐魯番 ← 敦煌 ← 西安（中國）

與漢朝屹立在大陸東端相對應的，是羅馬帝國的建立。西元前 27 年，羅馬人統一地中海沿岸，並建立強大的羅馬帝國。他們也和西亞、中亞各國保持著緊密的貿易聯繫。

就這樣，歐亞大陸上東、西兩端的帝國，以及中亞、西亞各國等皆透過貿易聯繫了起來。各種宗教、文化和工藝技術也透過貿易網路相互融會貫通。

漢朝出口的商品，除了絲綢、織錦外還有鐵器。中國人早在春秋時期就學會冶鐵，是世界上第二個掌握冶鐵技術的民族。雖然出於國家安全考慮，漢朝不出口刀劍，但後來冶鐵技術還是透過絲綢之路傳到了中亞、西亞各國。

當時，地中海和西亞的金銀加工技術也是全世界最先進的，所以各種精美金銀器也透過絲綢之路銷往中原。

起源於古埃及和腓尼基人的玻璃器，也在羅馬帝國時期得到進一步發展。後來，羅馬精美的玻璃器和製造工藝也通過中亞傳入中原。

農民們還通過絲綢之路獲得新的農產品。譬如西亞的葡萄、印度的黃瓜、阿富汗的胡蘿蔔都在漢朝時傳入中國；中國的桃、核桃也在這一時期傳到中亞。

在絲綢之路上，貿易取代了征戰，第一次和平地將幾大洲的人民聯繫起來。雖然後來隨著漢朝和羅馬帝國的衰弱，絲綢之路一度被切斷，但接下來的 2000 多年中，每逢和平，貿易網又會再次建立起來。

古羅馬建築

羅馬帝國的寶貴遺產

羅馬帝國

西元前 27 年～ 395 年

　　羅馬人修建的羅馬競技場、君士坦丁凱旋門、萬神殿等建築不僅承襲希臘風格，又有廣泛創新，是古代建築中的精品，也是古羅馬帝國留給世界的寶貴財富。

　　西元前 27 年，羅馬帝國建立，這是一個是以地中海為中心，跨越歐、亞、非三大洲的大帝國，並持續了 400 多年。這一時期地中海的製陶業、採礦業、紡織業都很發達，雕塑、文學和哲學的發展也十分興盛。

和許多帝國一樣，羅馬帝國也在建立之初大興土木，積極建設自己的都城。他們以羅馬城為中心，建立起四通八達的交通網。「條條大路通羅馬」就是對當時道路網最好的描述。

根據統計，羅馬帝國在境內修建的公路共有 9 萬多公里。這些道路基本上多由碎石、沙子、三合土所鋪成，路面則是切割整齊的石塊，兩旁還設有排水溝。有些道路直到今天還在使用。

羅馬人還在羅馬城附近建造了人工港奧斯提亞，大大縮短羅馬城到直布羅陀海峽和埃及的航程。

現代人最熟悉的羅馬建築，大概就屬羅馬競技場了。羅馬競技場建於西元72～82年，是為紀念皇帝維斯帕先而建造的劇場。整個建築占地2萬平方公尺，可容納9萬名觀眾。這種建築也成為現代體育場的雛形。

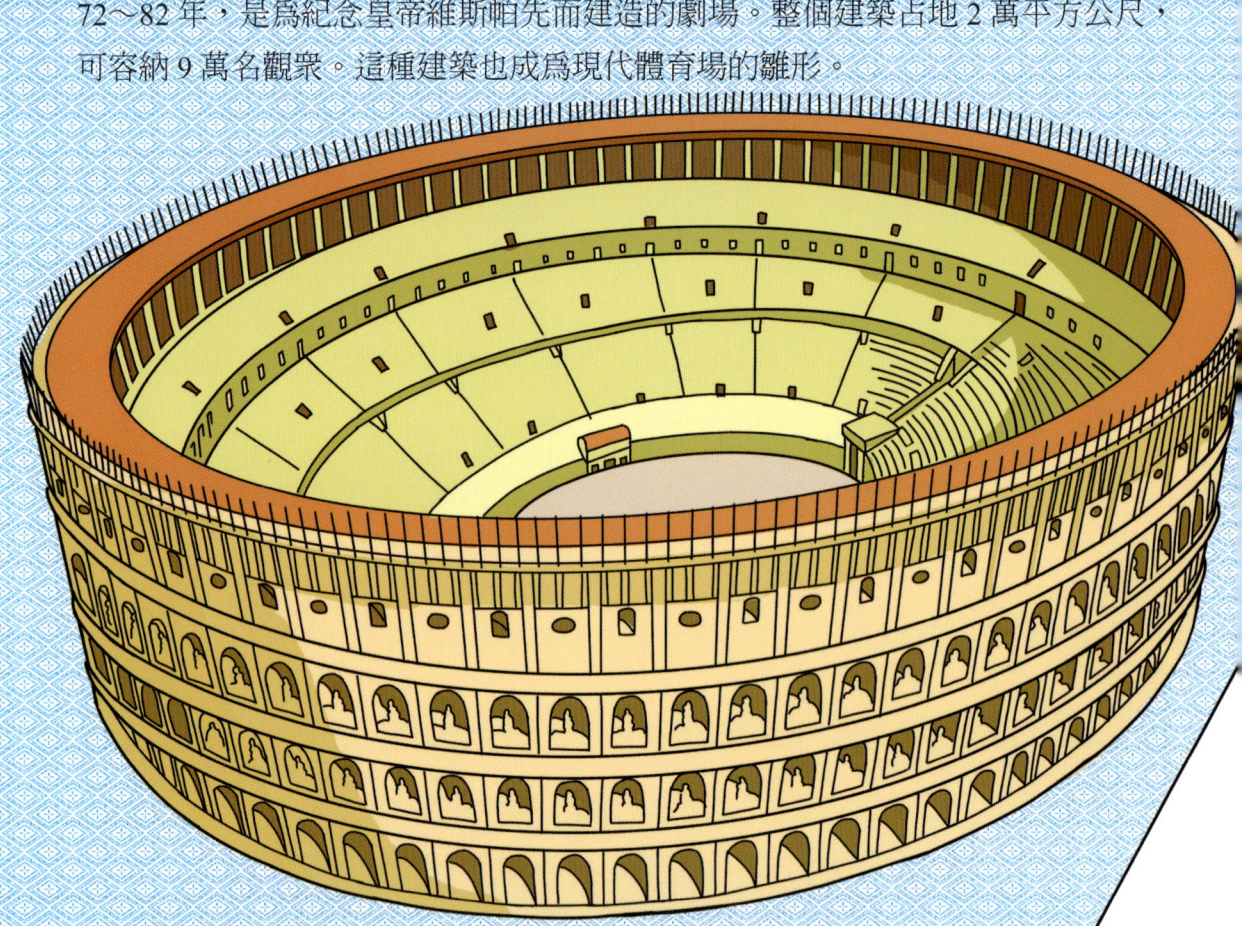

　羅馬帝國的傳世建築還包括萬神殿、君士坦丁凱旋門等。萬神殿始建於西元前27年，並於西元118年重修。它是羅馬穹頂建築中的傑作，其穹頂直徑達43.3公尺！為了讓建築穩固，建築師在穹頂上剜出了一個個小方格以減輕穹頂重量。穹頂中央開一個直徑8.9公尺的圓洞，可讓陽光從洞中射入充滿光源。

君士坦丁凱旋門建於西元 315 年，它高 21 公尺，面闊 25.7 公尺，通體布滿浮雕。這些雕塑保存較好，可以讓人領略早期羅馬藝術的風采。巴黎凱旋門就是仿照這座凱旋門而建造的。

除了這些著名的建築外，歐洲還留下很多羅馬時期的奢華浴場。羅馬的浴場修建得非常華麗，多採用拱形結構，牆面則採用馬賽克拼貼。當現代人看到這些建築，都覺得它們不像公共浴場，反而像皇家的宮殿！

如果你有機會去義大利，一定要去實地領略一下這些建築的魅力。

「0」和負數的提出

古印度數學成就的高峰

西元 4～9 世紀

早在西元前 1200 年，古印度人的《吠陀經》就記載了大量的數學知識。其中，數字通常用 10 的冪表示。

不過當時的數字和 10 的冪都不是用阿拉伯數字來表示，它們都有特定的吠陀語名字。考古學家認為，這種計數方式催生了古代印度的十進位計數系統。其中 0 的位置，是用一個點來表示。

古代印度人使用 10 進位的數學系統，他們發明了「0」和負數的概念，提出用負數進行計算的方法。這些數字字母在 8 世紀時傳入阿拉伯，之後又傳到世界各地。所謂的「阿拉伯數字」其實是古印度人所發明的。

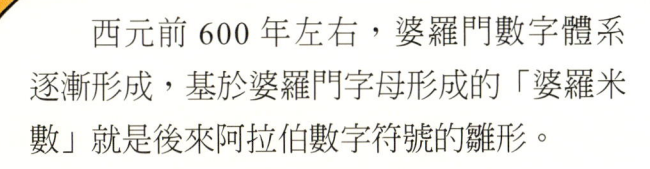

西元前 600 年左右，婆羅門數字體系逐漸形成，基於婆羅門字母形成的「婆羅米數」就是後來阿拉伯數字符號的雛形。

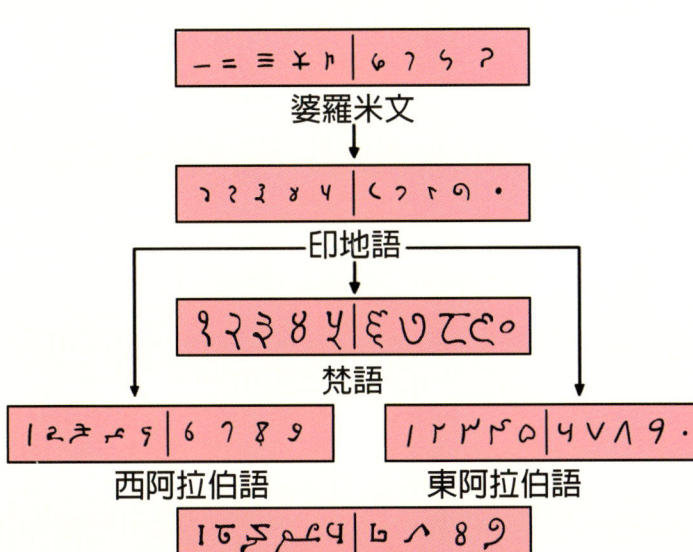

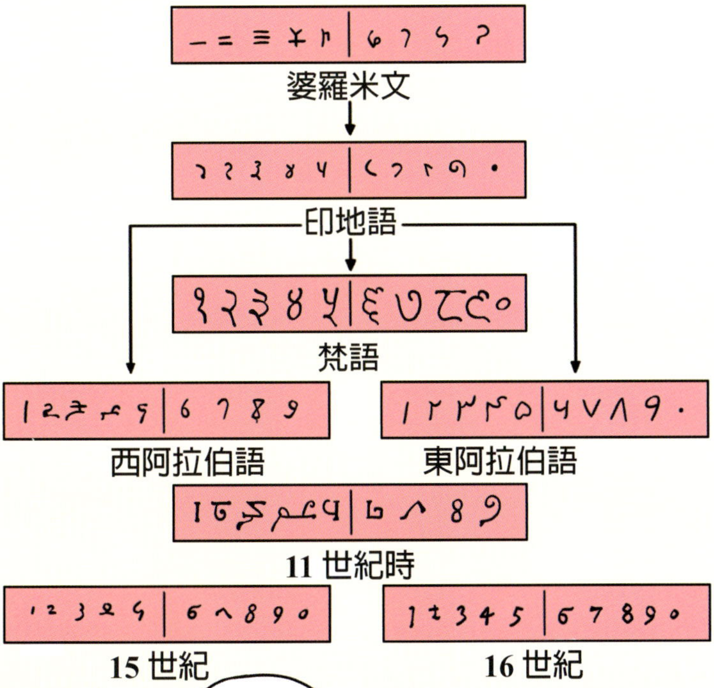

婆羅米文

印地語

梵語

西阿拉伯語　　　東阿拉伯語

11 世紀時

15 世紀　　　　16 世紀

最晚在西元 4 世紀時，印度人已經有「0」這個符號。根據考古學家對這一時期的手稿、石碑的研究，這時的印度人已不僅把「0」看作記數法中的空位，也將其視為可施行運算的獨立的數。

印度數字在西元 8 世紀左右傳入阿拉伯，後來又傳到歐洲，現在它們已經是全世界通用的數字符號。

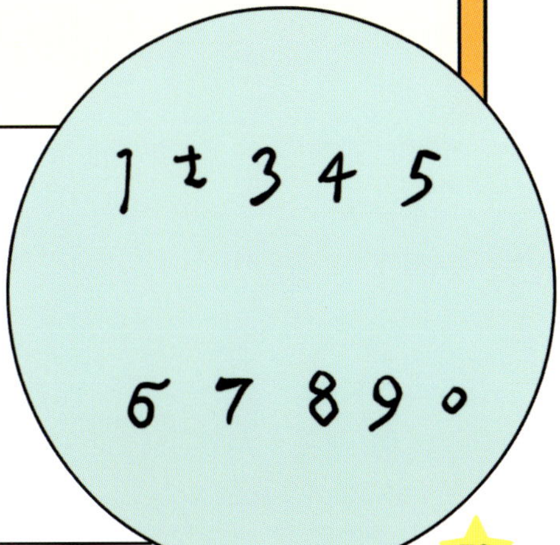

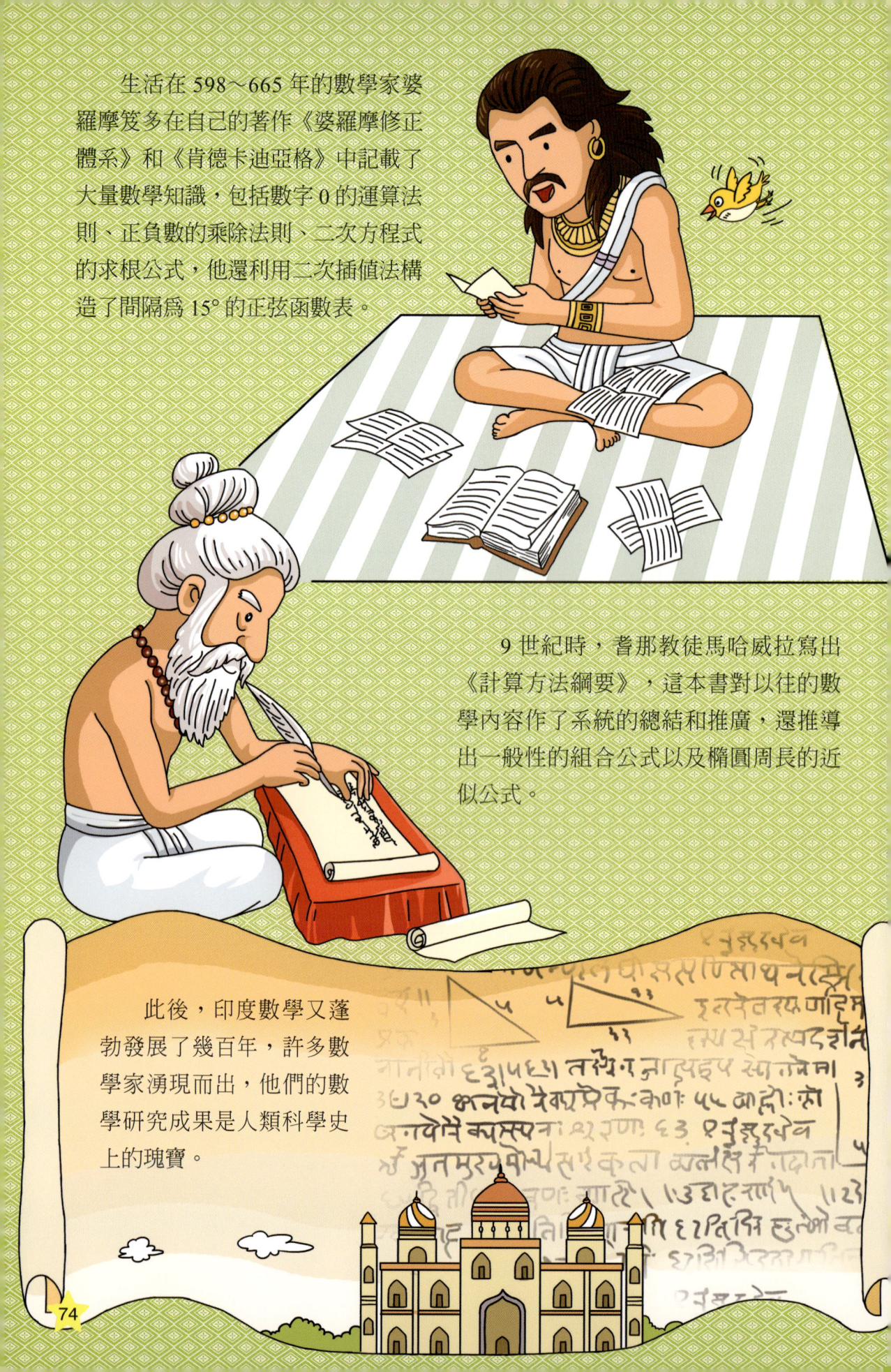

生活在598～665年的數學家婆羅摩笈多在自己的著作《婆羅摩修正體系》和《肯德卡迪亞格》中記載了大量數學知識，包括數字0的運算法則、正負數的乘除法則、二次方程式的求根公式，他還利用二次插值法構造了間隔為15°的正弦函數表。

9世紀時，耆那教徒馬哈威拉寫出《計算方法綱要》，這本書對以往的數學內容作了系統的總結和推廣，還推導出一般性的組合公式以及橢圓周長的近似公式。

此後，印度數學又蓬勃發展了幾百年，許多數學家湧現而出，他們的數學研究成果是人類科學史上的瑰寶。

五南
WU-NAN

全新官方臉書
五南讀書趣

WUNAN Books since 1966

Facebook 按讚

1秒變文青

五南讀書趣 Wunan Books

★ 專業實用有趣
★ 搶先書籍開箱
★ 獨家優惠好康

不定期舉辦抽獎
贈書活動喔！！！

經典永恆・名著常在

五十週年的獻禮——經典名著文庫

五南,五十年了,半個世紀,人生旅程的一大半,走過來了。
思索著,邁向百年的未來歷程,能為知識界、文化學術界作些什麼?
在速食文化的生態下,有什麼值得讓人雋永品味的?

歷代經典・當今名著,經過時間的洗禮,千錘百鍊,流傳至今,光芒耀人;
不僅使我們能領悟前人的智慧,同時也增深加廣我們思考的深度與視野。
我們決心投入巨資,有計畫的系統梳選,成立「經典名著文庫」,
希望收入古今中外思想性的、充滿睿智與獨見的經典、名著。
這是一項理想性的、永續性的巨大出版工程。
不在意讀者的眾寡,只考慮它的學術價值,力求完整展現先哲思想的軌跡;
為知識界開啟一片智慧之窗,營造一座百花綻放的世界文明公園,
任君遨遊、取菁吸蜜、嘉惠學子!